GOTLAND

EINE INSEL IN DER OSTSEE

MICHAEL GORSKI

GOTLAND

EINE INSEL IN DER OSTSEE

KARL WACHHOLTZ VERLAG

INHALT

Abbildungen auf dem Umschlag

Vorderseite: Steilküste bei Högklint südlich von Visby – Windmühlen bei Hundlausar zwischen Burgsvik und Vamlingbo – Die Kirche von Fröjel – Visby, Im Fiskargränd

Rückseite: Der Bildstein von Ardre (VIII) (um 700–800)

Fotos und Zeichnungen, soweit nicht anders angegeben, vom Verfasser

ISBN 3 529 06198 0

Karl Wachholtz Verlag, Neumünster 1989

GOTLAND –
VOM ZAUBER EINER INSEL

Gutland hitti fyrsti mathr than sum Thielvar hit. Tha war Gutland so elvist, at thet daghum sanc oc natum war uppi. En thann mathr quam fyrsti eldi a land, oc sithan sanc thet aldri. (Aus der Gutasaga)

„Gotland fand zuerst ein Mann, der Thielvar hieß. Damals war Gotland so verzaubert, daß es am Tage versank und nachts oben war. Aber dieser Mann brachte erstmalig Feuer auf das Land, und seitdem versank es nie mehr." – Mit diesen Worten beginnt die Gutasaga, die im 13. Jahrhundert aufgezeichnete Stammsage der Gotländer.

Verzaubert scheint diese merkwürdige Insel inmitten der Ostsee aber auch nach Thielvars Feuer noch zu sein – so empfinden es jedenfalls die meisten, die einmal dort gewesen sind.

Einst war dies die Insel, „wo die Schweine aus silbernen Trögen fraßen, und die Frauen mit goldenen Spindeln spannen". Über Jahrtausende, von der Vorzeit bis weit hinein ins hohe Mittelalter, war Gotland Zentrum und Drehscheibe für den Handel im gesamten Ostseeraum. Uralte Runensteine, umfangreiche Schatzfunde und mehr als neunzig gleichmäßig über die Insel verteilte Steinkirchen zeugen noch heute von dem enormen früheren Reichtum. Vor allem die mittelalterlichen Gotteshäuser wurden gleichsam zu Kristallisationspunkten des durch den Fernhandel angesammelten Wohlstands.

Aber auch dort, wo sich die großartige Vergangenheit nicht in solchen sichtbaren Zeugnissen manifestiert, ist das Gewesene doch überall spürbar und scheint über das Jetzt und Heute triumphieren zu wollen. Immer wieder gelingt es auf Gotland der Vergangenheit, sogar unsere laute und materialistische Gegenwart mit einem Schleier des Mysteriums zu überziehen.

An manchen Orten dort ist das Gefühl von Verwunschenheit sogar dermaßen intensiv, daß eine große Historie allein als Erklärung dafür nicht ausreicht. Genauso bedeutsam scheint zu sein, daß die Vergangenheit auf Gotland nicht wie üblich langsam in die Gegenwart überleitet, sondern mit einem Schlage in einem grauenhaften Inferno abbricht, als im Jahre 1361 die Dänen unter König Waldemar Atterdag die Inseln erobern. Was sich seit diesem Schicksalsjahr

1361 dort ereignet hat, ist unbedeutend und nur noch geprägt von der tiefen Agonie, in der die Insel nach der dänischen Invasion versinkt.

Das Abgleiten in die Bedeutungslosigkeit betrifft auch die Inselhauptstadt Visby, obwohl sie damals von Waldemar noch halbwegs verschont worden war. Nach einem Aufstieg ohnegleichen hatte die ehemalige Keimzelle der Hanse den Höhepunkt ihrer Entwicklung schon vor Waldemars Zeiten überschritten.

Auf den Niedergang der einst reichsten Stadt im Ostseeraum folgte ein tiefer Dornröschenschlaf, der fast vier Jahrhunderte lang andauerte. Dennoch blieb vom alten Visby mehr als ein pittoreskes nordisches Provinznest. Die gewaltige, nahezu vollständig erhaltene Stadtmauer, einige hochragende Treppengiebelhäuser, die stattliche Kirche St. Marien und die Ruinen von zehn weiteren Gotteshäusern bezeugen noch die frühere Größe.

Doch da ist noch etwas anderes, schwer Erklärbares: Um es zu erleben, muß man sich in der Abenddämmerung nach Almedalen, in den längst versandeten mittelalterlichen Hafen von Visby begeben und sich dort ans Meer setzen. Wenn man sich dann im Zwielicht nach den Giebeln, Türmen und Mauern der hinter einem liegenden Stadt umblickt, kann es einem urplötzlich erscheinen, als sei lautlos und magisch das untergegangene Vineta wieder emporgestiegen. In solchen flüchtigen Momenten wird er fast greifbar, der Zauber, der Gotland umhüllt, und der den nicht mehr freigibt, der ihn einmal erlebt hat.

GOTLAND – VERSUCH EINER SACHLICHEN ANNÄHERUNG

Zwischen dem 57. und dem 58. nördlichen Breitengrad liegt in der Ostsee die Insel Gotland. Sie ist ca. 115 km lang und 45 km breit, und zusammen mit der kleineren Nebeninsel Fårö beträgt ihre Fläche 3140 km^2. Mit diesen Dimensionen ist Gotland die größte Ostseeinsel und nahezu genauso groß wie die (den meisten Europäern wahrscheinlich besser bekannte) Insel Mallorca im Mittelmeer. Die Entfernung von Gotland zum schwedischen Festland beträgt 90 km, und bis zur Küste von Kurland (UdSSR) im Osten sind es rund 150 km.

Mit durchschnittlichen Januartemperaturen von −0,9 Grad Celsius und durchschnittlichen Julitemperaturen von +17,0 Grad Celsius sowie einer Jahresniederschlagsmenge von nur 525 Millimetern ist das gotländische Klima milder und trockener, als es die geographische Breite vermuten läßt.

Geologisch besteht die Insel aus einer schwach nach Osten gekippten Platte aus silurischem Kalkstein. Meist hat sich dadurch im Westen eine bis zu 46 Meter hohe Steilküste ausgebildet, während im Osten eher flache Küstenformen dominieren. Die Silurkalke, die besonders in der für Gotland typischen Riffazies äußerst reich an Fossilien sein können, sind ungefähr 440–400 Mill. Jahre alt. Aufgrund des Fossilreichtums der Insel (über 1500 Arten) wurde früher die gesamte Silur-Epoche als Gotlandium bezeichnet.

Während der Eiszeit war die Insel vollständig und kilometerdick vom nordischen Inlandeis bedeckt und wurde durch den Auflastdruck des Eises regelrecht in den Untergrund hineingedrückt. Unmittelbar nach dem Ende der letzten Eiszeit vor rund 10 000 Jahren ragten so nur die höchsten Teile Gotlands als kleine, schärenartige Inseln über den Meeresspiegel hinaus. Heute befinden sich dieselben Partien hingegen bis zu 80 Meter über dem Niveau der Ostsee. Dieser als nacheiszeitliche Landhebung bezeichnete Vorgang läßt sich insbesondere an fossilen und heute im Landesinneren gelegenen Erosions- und Sedimentationsformen der Meeresbrandung (Steilküsten und Strandwälle) nachweisen.

Trotz des relativ trockenen Klimas gibt es in flachen Senken, die durch glaziale Tone nach unten abdichtet werden, flache Seen und

Sümpfe. Ca. 12 % der Inselfläche bestanden früher aus solchen Feuchtgebieten; die meisten davon wurden im 19. Jahrhundert jedoch trockengelegt.

Gegenwärtig sind über 50 % Gotlands waldbedeckt, wobei Kiefer und Fichte die dominierenden Baumarten sind. Reicht der Wasserhaushalt der häufig nur flachgründigen Böden für den Baumwuchs nicht mehr aus, so tritt an die Stelle des Waldes eine steppenartige Busch- und Trockenrasen-Vegetation, die allenfalls noch extensiv von Schafen beweidet werden kann. Vor allem im Zentrum und im Süden der Insel, wo die Gletscher der Eiszeit lehmig-sandiges Moränenmaterial abgelagert haben, wird jedoch auch intensiver Ackerbau betrieben.

Im Verwaltungsbezirk Gotlands Län, der außer Gotland selbst noch Fårö, einige kleinere Nebeninseln sowie die 60 km nördlich gelegene und nahezu unbewohnte Insel Gotska Sandön umfaßt, leben etwa 56 000 Menschen. Davon entfallen jedoch allein 20 000 auf die Inselhauptstadt Visby.

Haupteinnahmequelle der Bevölkerung ist heute der Tourismus, in weitem Abstand gefolgt von der Landwirtschaft. Mit Ausnahme einer großen Zementfabrik an der Ostküste in Slite spielt die Industrie dagegen nur eine untergeordnete Rolle. Wie fast überall in Skandinavien ist der Fremdenverkehr auch auf Gotland kein Massen-, sondern ein reiner Individualtourismus, der den Inselcharakter bisher nur wenig verändert hat.

Der äußerste Nordosten Gotlands sowie die beiden Inseln Fårö und Gotska Sandön sind militärisches Sperrgebiet und dürfen von Ausländern nur in organisierten Führungen betreten werden. Ebenso ist das gute Dutzend der kleineren, Gotland vorgelagerten Vogelinseln nicht ohne weiteres zugänglich, doch ist dort allein der Naturschutz der Grund für diese Einschränkungen.

GOTLAND – NATUR UND LANDSCHAFT

Die schnellste Verbindung zum Festland führt von Gotland aus nach Småland. Dieser südschwedische Landstrich war zwar nie übermäßig wohlhabend, weil er nur wenig fruchtbare Böden besitzt, aber Småland ist doch immer reich an all dem gewesen, was man sich unter Schweden im allgemeinen so vorstellt: endlose Kiefern- und Fichtenwälder, blinkende Seen mit klarem Wasser, von Heide bedeckte Granitklippen und rotgestrichene Holzhäuser.

Wie anders ist dagegen die nur 90 Kilometer weiter östlich gelegene Insel Gotland. Zwar bedecken auch dort Nadelwälder mehr als die Hälfte des Landes, aber wer im Sommer durch manche dieser Wälder wandert, der geht nicht im Schatten der Baumkronen auf feuchtem Moos und durch üppige Heidelbeersträucher wie in Småland, sondern unter seinen Füßen zerbrechen knisternd von der Sonne ausgetrocknete Flechten, und zwischen den weit auseinanderstehenden Stämmen niedriger Kiefern tritt immer wieder nacktes weißgraues Kalkgestein zutage.

Wo die Bodenkrume dann sogar für die genügsamen Kiefern zu dünn wird, geht der „Wald" vollends in eine heideartige, lediglich von Wacholderbüschen bestandene Landschaft über. Calluna vulgaris, das sonst für Schweden so charakteristische Heidekraut, wird man jedoch in dieser gotländischen „Heide" kaum finden. An seine Stelle treten Gräser und allerlei Kräuter, bei denen die meiste Zeit des Jahres allerdings jedes Leben verwelkt zu sein scheint. Die schüttere Vegetationsdecke zwischen den Wacholderbüschen besteht vor allem aus Wimper-Perlgras, Schwalbenwurz, Polster-Thymian und Weißem Mauerpfeffer, aber auch aus vielen anderen Arten mehr.

Etwas, das dieser merkwürdigen, ganz „unskandinavischen" Landschaft gleicht, die man auf Gotland Hällmark nennt, gibt es höchstens noch auf der anderen großen schwedischen Ostseeinsel, auf Öland. Doch während auf Öland die (dort Alvaret genannte) Steppe den größten Teil der südlichen Inselhälfte bedeckt, handelt es sich auf Gotland meist nur um kleinere Areale, die verstreut in den ausgedehnten Wäldern liegen. Lediglich auf Fårö nimmt die offene Steppe auch größere zusammenhängende Flächen ein.

Auf der Schafinsel – nichts anderes bedeutet der Name Fårö in deutscher Übersetzung – wird die Hällmark intensiv als Schafweide genutzt. Die altertümliche Rasse der Gutefår, die es nur auf Gotland gibt, kommt mit der kargen Vegetation ganz gut zurecht. Die Tiere fressen andererseits aber auch die letzten grünen Kräuter ab und verstärken zusätzlich mit ihren scharfen Hufen die Bodenerosion. Seit die harte Wolle der Gutefår in den letzten Jahrzehnten immer weniger gefragt ist, hat die Beweidung jedoch nachgelassen, und die Hällmark bleibt sich wieder mehr selbst überlassen. Dennoch gibt es nach wie vor Zehntausende von Schafen auf Gotland, und sicherlich ist es kein Zufall, daß ausgerechnet das Agnus Dei (das Lamm Gottes) schon von alters her das gotländische Wappentier ist.
Mit ihrer Trockenheit, dem weißgrauen Fels und den macchieartigen Wacholderbüschen erinnert die Hällmark an mediterrane Landschaften. Alles wirkt dort irgendwie südländisch, und dazu gehört auch, daß es im Sommer sogar ausgetrocknete Bachbetten gibt, eine Erscheinung, der man in Skandinavien wohl nur auf Gotland begegnen kann. Wie bereits erwähnt, kann als einzige Baumart die Kiefer diese Extrembedingungen aushalten, doch auch sie stößt hier an ihre ökologischen Grenzen. Einige trockene Sommer reichen aus, um einen Teil der Bäume absterben zu lassen. Ihre kahlen Skelette geben der Landschaft dann ein unheimliches Aussehen.
Es ist der Kalkstein im Untergrund, der für den eigenartigen Charakter der Hällmark verantwortlich ist. Er prägt die gesamte Natur und Landschaft Gotlands mehr als alles andere. Die geringsmächtigen Böden können nur wenig Wasser speichern, und so versickern die ohnehin nicht gerade reichlichen Niederschläge schnell im porösen Kalkstein. Zwar ist Gotland nicht gerade ein Paradebeispiel für Verkarstung, aber nahe der Westküste bei Lummelunda ist durch unterirdische Lösungsprozesse im Kalkstein doch ein immerhin drei Kilometer langes Höhlensystem entstanden.
Die im Silurmeer vor über 400 Millionen Jahren in horizontalen Schichten abgelagerten Kalke sind nach ihrer Verfestigung keinen intensiveren geologischen Prozessen mehr ausgesetzt gewesen. Was dennoch an Hügeln und sonstigen Erhebungen vorhanden war, haben die Gletscher der Eiszeit weitgehend abgehobelt, so daß die Insel heute fast überall bretteben ist. Die Ostküste ist dementsprechend flach. Im Lee, zur vorherrschenden Windrichtung gelegen und reich an Buchten, gleicht die Küste dann häufig eher einem verlandenden Seeufer als einem Meeresstrand. Sogar Schilf gedeiht dort im Brackwasser der Ostsee.

An der Westküste hingegen, wo die riesige, schwach nach Osten geneigte gotländische Kalksteinplatte in einer markanten Stufe zum Meer hin abbricht, haben sich vielfach wild zerklüftete Steilküsten gebildet. Sie erreichen am Högklint bei Visby und an der Südspitze Gotlands bei Hoburgen Höhen von über 40 Meter.

In der Nähe der Steilküsten trifft man außerdem zuweilen auf merkwürdige, bis zu zehn Meter hohe und bizarr geformte Kalksteingebilde, die meist in Gruppen am Meeresufer stehen. Diese sogenannten Raukar sind ein geologisches Phänomen, das es eigentlich nur auf Gotland gibt. Ihre Entstehung ist an das Vorhandensein silurischer Riffkalke gebunden, durch deren unterschiedliche Härte die Meeresbrandung jene turmartigen Gebilde herausarbeiten konnte, die mit dem gutnischen Wort Rauk (Mz. Raukar) bezeichnet werden.

Die bizarrsten Raukar findet man bei Digerhuvud und Langhammarshammar auf Fårö. Wie aus dem Meer steigende Monstren sehen die weit über mannshohen Felstürme dort aus, vor allem, wenn

Raukar bei Holmhällar

im Herbst dichter Nebel die Küste einhüllt. Nichtschweden werden diesen Anblick allerdings kaum einmal zu Gesicht bekommen, denn Fårö und der äußerste Nordosten Gotlands sind ausländischen Besuchern als sogenanntes militärisches Sperrgebiet so gut wie unzugänglich, während dasselbe Areal für die Schweden ein beliebtes Feriengebiet darstellt – eine ebenso unsinnige wie unverständliche Diskriminierung, für die im modernen Europa eigentlich kein Platz mehr ist. Als potentieller Spion muß der auswärtige Feriengast deshalb mit den Raukar von Holmhällar an der Südostküste der Halbinsel Storsudret vorliebnehmen, die aber ebenfalls sehr schön sind. Von Holmhällar aus hat man auch einen guten Blick auf das nahegelegene kleine Eiland Helligholmen. Es gehört zu dem guten Dutzend der Ostküste Gotlands vorgelagerten Inselchen, die fast alle flach und öde sind, ohne Bäume und von Menschen nicht besiedelt. Einen um so wertvolleren Lebensraum bieten sie zahllosen Meeresvögeln.

Zwei weitere Inseln, Stora und Lilla Karlsö, liegen vor der Westküste Gotlands. Sie haben jedoch einen ganz anderen Charakter als die im Osten, denn sie bestehen hauptsächlich aus mächtigen Kalksteinplateaus, die bis zu 66 Meter hoch über der Ostsee aufragen. Das Plateau von Stora Karlsö ist ungefähr hufeisenförmig, das von Lilla Karlsö hingegen fast kreisrund. Die beiden Inseln sind 2,5 bzw. 1,6 km^2 groß. Früher wurden beide Eilande intensiv von Schafen beweidet, was eine weitgehende Verarmung ihrer Vegetation zur Folge hatte. Nachdem es nun aber wenigstens auf Stora Karlsö schon seit längerem keine Schafe mehr gibt, konnte sich die Pflanzenwelt dort wieder sehr gut regenerieren. Auch die Karlsinseln sind von Menschen (heute) nicht ständig bewohnt und haben eine große Bedeutung als Vogelbrutplatz. In den Klippen gibt es umfangreiche Lummen- und Tordalkkolonien.

Doch zurück ins Landesinnere. Ganz eben ist die Insel doch nicht. Unvermutet erscheinen auch im Binnenland an mehreren Stellen steilrandige Plateaus, die zwar nicht so imposant sind wie die der Karlsinseln, denn sie erheben sich nur rund 10–20 Meter über die Ebene, aber in der flachen gotländischen Landschaft stellen sie trotzdem relativ beeindruckende Gebilde dar. Ihre Größe reicht von wenigen Hektar bis zu einigen Quadratkilometern. Spätestens wenn auch an den Rändern dieser Plateaus Raukar stehen, wird klar, daß ihre Ähnlichkeit mit den Karlsinseln kein Zufall ist, sondern mit einer gleichartigen Entstehung zusammenhängt. Tatsächlich waren auch die Plateaus im Landesinneren ehemals kleine Inseln

mit von der Brandung herausgearbeiteten Steilufern. Ihre Klints entstanden, als vor rund 8000 Jahren das riesige Süßwasserbecken des Ancylus-Sees die Fläche der heutigen Ostsee einnahm. Befreit von der gewaltigen Auflast der Gletscher, begann Skandinavien nach der Eiszeit, wieder langsam aus dem Untergrund aufzusteigen. Von Gotland hatten sich zuerst nur die Plateaus schon über den Wasserspiegel erhoben. Sie bildeten einen Archipel aus kleinen Inseln und Schären, ähnlich wie es noch heute weiter im Norden die finnischen Åland-Inseln tun.
Die wichtigste Hinterlassenschaft der Eiszeit sind jedoch die von den Gletschern abgelagerten lehmigen Grundmoränen, die einen erheblichen Teil der Insel bedecken. Der Kalkstein dominiert also nicht überall. Das Moränenmaterial kann die Feuchtigkeit wesentlich besser speichern als der Silurkalk, und so gibt es auf Gotland durchaus auch fruchtbares Ackerland und dichte Wälder mit guter Holzproduktion, die sich kaum von denen des schwedischen Festlandes unterscheiden. Die agrarischen Nutzflächen konzentrieren sich besonders in den Moränengebieten rund um Roma und Dalhem im Norden sowie um Hemse und Lau im Süden.
Mit ihren großflächigen Äckern und Wiesen, auf denen eine rationelle, moderne Landwirtschaft betrieben wird, hat die gotländische Kulturlandschaft ein fast mitteleuropäisches Aussehen. Zu diesem Eindruck tragen wesentlich die reichen Bestände an Eichen und anderen Laubbäumen in der Umgebung der Bauernhöfe bei; die sonst so verbreiteten Kiefern und Fichten fehlen dort vollständig. Aber auch die Bauernhäuser sehen anders aus als im übrigen Skandinavien; sie sind meist aus Stein, lediglich bei den Wirtschaftsgebäuden überwiegt Holz. Typisch skandinavisch ist allerdings die Siedlungsweise in Einzelhöfen oder bestenfalls kleinen Weilern. Selbst rings um die neunzig Landkirchen, von denen man fast immer mindestens eine im Blickfeld hat, haben sich nur ausnahmsweise größere dörfliche Zentren gebildet.
Neben Äckern und Grünland war früher für Gotland noch eine besondere Form der Kulturlandschaft typisch, die gotländische Laubwiese. Eine solche Löväng, wie sie auf schwedisch heißt, war ursprünglich ein natürlicher Laubwald auf besseren Böden, der aber lange Zeit hindurch so intensiv genutzt wurde, daß sein Baumbestand schließlich immer lichter wurde, und sich am Boden krautreiche Grasflächen bilden konnten. Breitkronige Eichen als Überhälter und Haseln in der Strauchschicht vervollständigten das botanische Inventar. Die Laubwiese lieferte früher das ganze Jahr hindurch Er-

träge: Im Winter schlug man Brennholz, im Frühling harkte man die Laubstreu als Viehfutter zusammen, im Sommer schnitt man das Gras, und im Herbst erntete man Nüsse und mästete das Vieh mit Eicheln.

Die Lövängar brauchen diese ständige Nutzung, wenn sie sich nicht von allein vollständig wieder bewalden sollen. Aber die moderne Landwirtschaft ist längst zu anderen Wirtschaftsmethoden übergegangen. Darum ist der Laubwiesen-Bestand heute auf kleine, mühsam gepflegte Restflächen zurückgegangen, die aber wegen ihrer botanischen Vielfalt um so berühmter sind. Dort kommen zahlreiche Orchideenarten vor, darunter so seltene und schöne Spezies wie der Frauenschuh oder das Waldvögelein, und an den Bäumen windet sich der Efeu empor. Die Laubwiesen sind auch der bevorzugte Lebensraum für Gotlands charakteristische Tierart, den Igel.

Ackerland und Laubwiesen sind auf den lehmig-sandigen Grundmoränen entstanden. Wo jedoch in flachen Senken tonige Sedimente den porösen Kalkstein nach oben abdichten, konnten sich sogar Binnenseen und Sümpfe bilden. Träsk und Myr, wie man sie auf Gotland nennt, bedeckten früher aller Niederschlagsarmut zum Trotz über ein Zehntel der Inselfläche. Im 19. Jahrhundert hat man jedoch die meisten Sümpfe trockengelegt, um neues Ackerland zu gewinnen – mit verheerenden Auswirkungen auf den gesamten Wasserhaushalt der Insel, der man so ihr natürliches Süßwasserreservoir nahm. Selbst im ehemals größten Sumpfgebiet Gotlands, im Mästermyr zwischen Silte und Fardhem, läßt heute kaum noch etwas den früheren Landschaftscharakter ahnen.

Nur einige kleinere Sumpfareale wie das Verkmyr im Naturreservat von Hallhangvar oder das Muskmyr auf der Halbinsel Storsudret sind übriggeblieben. Sie sind vom Menschen nie in größerem Umfang beeinflußt worden und zeigen noch sehr gut den besonderen Typus eines gotländischen Feuchtgebiets. Das kalkhaltige Wasser verhindert das Wachstum des Torfmooses und dadurch die Entstehung von Hochmooren. An die Stelle der säureliebenden Moorvegetation treten so ausgedehnte Röhrichte aus Ag, dem Schneidried (Cladium mariscus), das in der Vergangenheit als Dachdeckermaterial für die Gotländer von großer Bedeutung war.

Die in den etwas tieferen Senken entstandenen und noch nicht verlandeten Binnenseen, die Träsks, konnten sich besser erhalten als die Sümpfe. Es gibt sie vor allem im Norden Gotlands und auf Fårö. Die drei größten, Bästeträks, Tingstädeträsk und Fardumeträsk, er-

reichen eine Fläche von jeweils 4–5 km^2 bei maximalen Tiefen von nur zwei Metern.
Als dritten und flächenmäßig kleinsten Feuchtgebietstyp gibt es schließlich noch das Vät, den im Sommer austrocknenden flachen Tümpel. Die Übergänge zwischen Träsk, Myr und Vät sind fließend, und alle drei dieser amphibischen Landschaftstypen sind der Lebensraum für eine Vielzahl unterschiedlicher Wasservögel.
Noch bedeutsamer für die Vogelwelt ist aber eine ganz andere spezifisch gotländische Landschaftsform, der man einen solchen Reichtum an Lebewesen auf den ersten Blick gar nicht zutraut – das aus fossilen Strandwällen bestehende Geröllfeld. In den Jahrtausenden der nacheiszeitlichen Landhebung hat die Meeresbrandung den weißen Kalkstein dort zu kleinen Platten oder Grus zermahlen und dieses Material in neben- und übereinanderliegenden, uferparallelen Wällen abgelagert. Seitdem haben es kaum Pflanzen vermocht, in dem vollständig feinerdelosen Substrat Fuß zu fassen. Besonders großartig in ihrer wüstenartigen, nahezu vegetationslosen Einöde sind die Geröllebenen von Langhammarshammar und Norsholmen auf Fårö, die teilweise jedoch als Vogelschutzgebiet (sogar von schwedischen Besuchern) nicht betreten werden dürfen. Eiderente, Stockente, Löffelente und Samtente, Mittelsäger und Brandgans, Küstenseeschwalbe, Flußseeschwalbe, Zwergseeschwalbe und Raubseeschwalbe, Sturmmöwe, Lachmöwe und Silbermöwe, Sandregenpfeifer, Kiebitz, Großer Brachvogel, Austernfischer, Steinwälzer, Rotschenkel und Alpenstrandläufer – um nur die wichtigsten Arten zu nennen – brüten dort in teilweise erheblicher Individuenzahl auf einer Fläche von nur wenig mehr als einem Quadratkilometer.
Wie schrieb schon Schwedens großer Naturforscher Carl von Linné über seine botanischen und zoologischen Exkursionen auf Gotland im Jahre 1741: „Ich habe auf dieser Reise mehr entdeckt, als zu vermuten gewesen ist."
Alles in allem ist die Insel Gotland von ihrer Natur und Landschaft her also eher eine Welt für sich als ein Teil Schwedens. Eine gewisse Verwandtschaft besteht höchstens noch zu den beiden anderen ebenfalls aus Kalkstein bestehenden Ostseeinseln Öland im Südwesten und Ösel im Nordosten. In den folgenden Kapiteln wird deutlich werden, daß die Abgrenzung Gotlands gegenüber dem schwedischen Festland nicht nur die natürlichen Grundlagen betrifft, sondern sich ebenso auch in einer eigenständigen Kultur und Geschichte wiederfindet.

DAS VORGESCHICHTLICHE GOTLAND

Mit Sicherheit ist die Vorgeschichte Gotlands die – im wahrsten Sinne des Wortes – reichste Skandinaviens, und vielleicht ist sie auch die interessanteste in dem prähistorisch beileibe nicht uninteressanten Nordteil Europas.

Dabei stammen die ältesten Zeugnisse menschlicher Anwesenheit auf der Insel erst aus der mittleren Steinzeit um 6000 v. Chr., d. h., die Vorgeschichte setzt dort erst relativ spät ein. Aber schon jene, die vor 8000 Jahren als erste Gotland erreicht haben, müssen mit Booten über die Ostsee gekommen sein, und sie müssen deshalb auch mit der Seefahrt bereits einigermaßen vertraut gewesen sein.

Im Zusammenhang mit dem Handel über das Meer wurden Schiffe und Seefahrt später sogar zu den wichtigsten Elementen der vorgeschichtlichen Kultur Gotlands. Dazu kam es jedoch erst, nachdem in der Jungsteinzeit um 3000 v. Chr. durch neue Einwanderer Ackerbau und Viehzucht eingeführt worden waren. Bald darauf begann dann jener ganz spezifische bäuerliche Fernhandel, der die Inselkultur in der Folge immerhin für mehr als vier Jahrtausende prägen sollte – also bis weit hinein in das hohe Mittelalter diesseits der Epochengrenze Vorgeschichte-Geschichte.

Die frühesten Beweise für den Ostseehandel der jungsteinzeitlichen Gotländer sind vor allem die auf der Insel gefundenen Feuersteinbeile, die aus Dänemark oder Schonen stammen müssen, denn nur dort kommt in der Schreibkreide der Feuerstein vor. Was die Inselbauern im Austausch für die Beile hergaben, wissen wir heute leider nicht mehr.

Die ersten Gotländer, die sich noch allein von Jagd und Fischfang ernährt hatten, waren inzwischen also von einer zweiten Schicht von Einwanderern mit agrarischer Lebensweise verdrängt worden, die in kleinen Booten bereits Handel über die Ostsee trieb. Aus ihrer südschwedischen Heimat hatten jene Bauern auch die Megalithkultur nach Gotland mitgebracht, wie ihre Grabanlagen in Form von Steinkisten und vereinzelten Ganggräbern beweisen.

Vermutlich noch vor dem Beginn der Bronzezeit um 1500 v. Chr. fand dann eine dritte größere Einwanderungswelle statt, und spätestens seit diesem Zeitpunkt ist Gotland fest in den germanischen

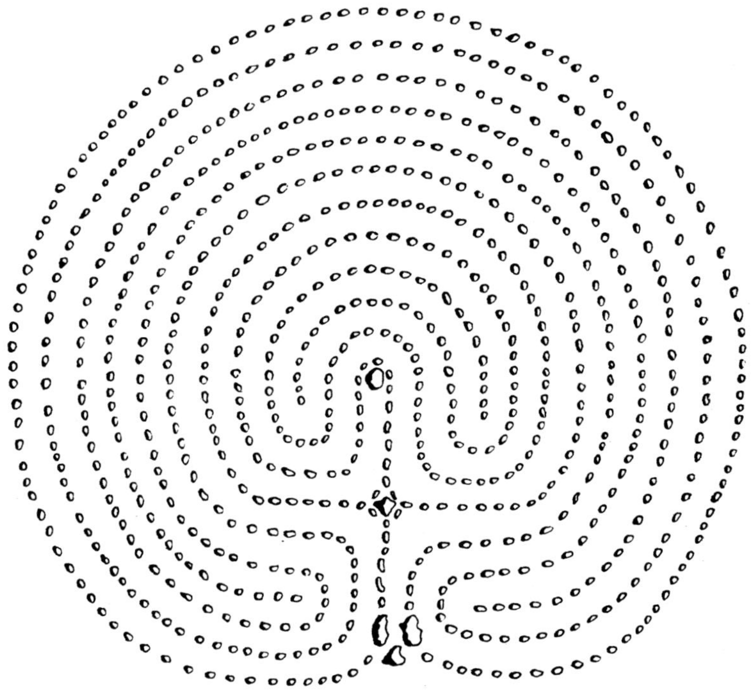

Die Trojaborg bei Visby
(nach Lemke, 1970)

Kulturkreis einbezogen. Damals, im 2. vorchristlichen Jahrtausend, wurde Skandinavien von einem milden und sonnenreichen Klima verwöhnt. Vielleicht breitete sich deshalb im gesamten Bereich der nordischen Bronzezeitkultur eine Religion aus, in deren Mittelpunkt die Verehrung der Sonne stand.

Die rätselhafte Trojaborg bei Visby könnte ein Symbol dieser alten Sonnenreligion gewesen sein. Es handelt sich dabei um ein gut zehn Meter durchmessendes, ungefähr kreisförmig begrenztes Labyrinth, das mit Steinen auf dem Boden ausgelegt ist. Vom „Eingang" aus ist nur ein einziger Weg möglich, der höchst kompliziert bald nach innen, bald nach außen führt, bis er schließlich genau im Zentrum des Gebildes endet. Man hat vermutet, daß auf diese Weise der sich im Jahreslauf stetig veränderte Tagbogen der Sonne dargestellt werden sollte. Auch gibt es ferne Anklänge an einen Mythos, dem zufolge im Zentrum des Labyrinths eine Sonnen- bzw. Fruchtbarkeitsgöttin gefangengehalten wird, die befreit werden kann, indem man die Trojaborg durchschreitet oder durchtanzt. Die Visbyer Anlage ist nicht die einzige ihrer Art in Europa, und von anderen ist in der Tat überliefert, daß in ihnen noch bis in unser Jahrhundert hinein rituelle Tänze aufgeführt wurden.

Der Bildstein von Smiss (III)
bei Näs (um 400–600)

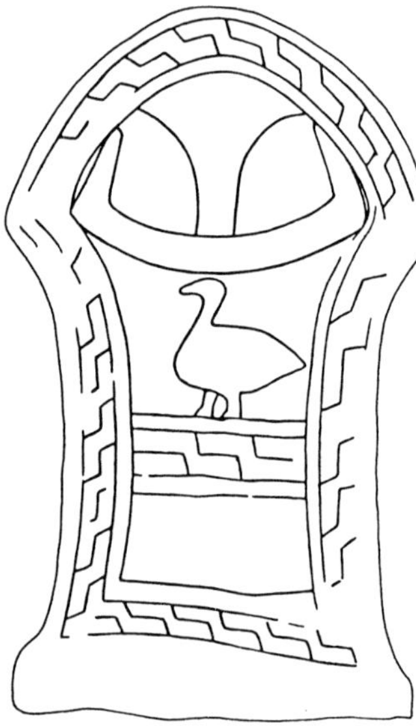

Der Bildstein von Smiss (I)
bei Garde (um 500–700)

Auf der Insel scheint vor allem die damalige Herrenschicht – oder besser das bronzezeitliche Großbauerntum – mit seinen bereits weit in den gesamten Ostseeraum hinein reichenden Handelsverbindungen zum Träger des Sonnenkults geworden zu sein. Sie waren es auch, die unter den gewaltigen Hügelgräbern bestattet wurden, von denen es auf Gotland rund 400 Stück gibt. Als Baumaterial dienten dabei merkwürdigerweise ausschließlich die runden Kristallin-Findlinge aus der Eiszeit und nicht der massenhaft zur Verfügung stehende Kalstein. Das größte Hügelgrab der Insel, der Uggårde rojr bei Rone, erreicht immerhin einen Durchmesser von 45 Metern und eine Höhe von knapp 8 Metern.

Der Übergang von der älteren zur jüngeren Bronzezeit um 1100 v. Chr. brachte überall im mittleren und nördlichen Europa den Wechsel von der Körper- zur Brandbestattung – so auch auf Gotland. Dort entstand zugleich jedoch eine ganz spezielle Art der Brandbestattung. Man setzte nämlich um die Steinkiste mit der Totenasche herum einen langgestreckten Steinring in der Form eines Schiffes. Auf Gotland gibt es über 300 solcher bronzezeitlichen Schiffssetzungen, und von dort ausgehend verbreitete sich dieser Bestattungsbrauch auch auf andere Inseln und Küsten im Ostseebereich. Das monumentalste gotländische Steinschiff steht hoch über der Westküste in Gannarve bei Fröjel; es ist 45 Meter lang und 7 Meter breit. Überhaupt befinden sich sowohl die Grabhügel als auch die Steinschiffe fast immer in Küstennähe – auch das ein Beleg für die Meerverbundenheit der vorgeschichtlichen Gotländer.

Um 500 v. Chr. begann in Skandinavien die Eisenzeit – und zwar unter meist katastrophenähnlichen Bedingungen. Das Klima verschlechterte sich rapide, es wurde immer kühler und feuchter, und die hochstehende Bronzezeitkultur wurde durch die wesentlich schlichtere Eisenzeitkultur ersetzt. Auf Gotland allerdings scheint dieser Wechsel weniger einschneidend gewesen zu sein. Noch bis um 300 v. Chr. gibt es eine gewisse Nachblüte des Reichtums der vorangegangenen Periode; erst dann setzt für etwa anderthalb Jahrhunderte ein auffälliger allgemeiner Rückgang ein, den es zu erklären gilt:

Wahrscheinlich hatte die Insel schon bald nach ihrer Einbeziehung in den germanischen Kulturkreis ihren Namen erhalten (Gotland bzw. altnordisch Gutland = Land der Gutar). „Gotland“ und „Gutar“ – das klingt sehr nach den Goten, jenem berühmten germanischen Volk, das nach seiner Trennung in Ost- und Westgoten zu den Hauptakteuren der Völkerwanderung gehörte.

Der Bildstein von Tängelgårde (I) bei Lärbro

Als jene Goten an der Wende zwischen Antike und Mittelalter das Römische Weltreich zertrümmerten, wußten sie über die Urheimat ihres Volkes nur noch, daß sie in Skandinavien gelegen habe, von wo ihre Vorfahren mit nur drei Schiffen über die Ostsee nach „Gothiskandza" an der Weichselmündung gefahren seien. Tatsächlich läßt sich archäologisch belegen, daß sich im 2. vorchristlichen Jahrhundert Neuankömmlinge im Weichseldelta rund um Danzig niederließen.

Der Bildstein von Tjängvide (I)
bei Alskog (um 700–800)

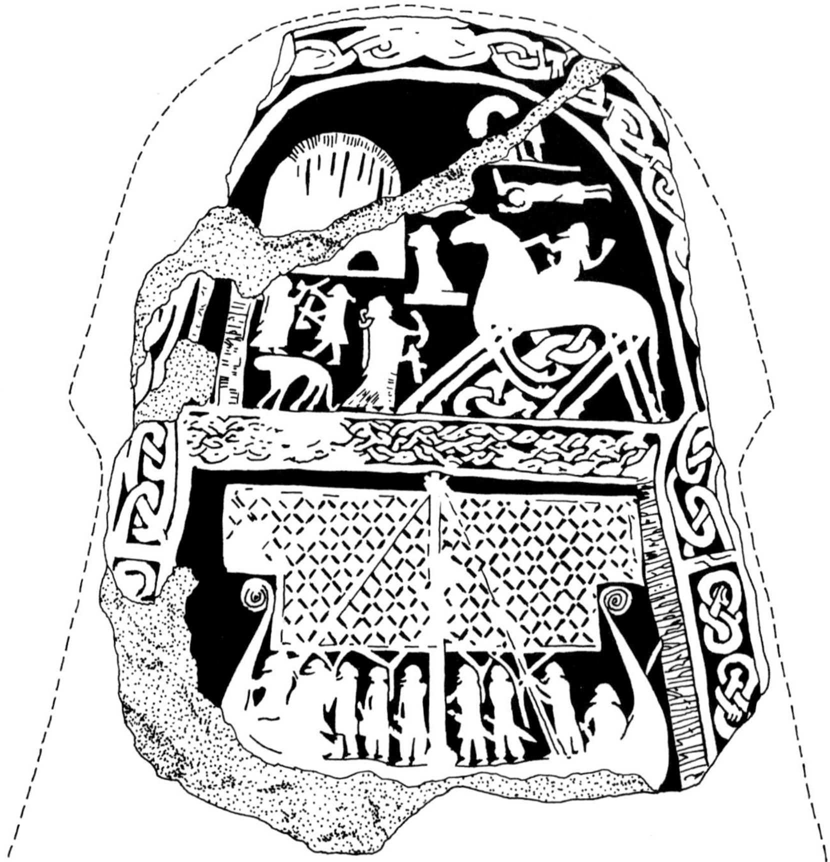

Nun lebten in Südschweden damals die Gauten oder Göten, von denen noch heute Göteborg sowie Öster- und Västergötland ihren Namen haben, und deshalb haben in der Vergangenheit viele Historiker vermutet, daß die Goten aus Südschweden gekommen sind. Vom linguistischen Standpunkt aus läßt sich jedoch zumindest die Namensgleichheit Gauten = Goten nicht aufrechterhalten; andererseits kann man aber linguistisch nachweisen, daß sowohl die Eigenbezeichnung der Guten (= Gotländer) als auch die der Goten auf derselben Urform, nämlich „Gutaniz", beruht.

Es muß letztlich wohl Spekulation bleiben, aber vorstellbar wäre, daß die Periode allgemeinen Niedergangs auf Gotland von 300–150 v. Chr. mit dem Abzug eines Teils der Bevölkerung nach Süden zusammenhängt. Schließlich spricht auch die Gutasaga, die alte Stammsage der Gotländer, von der Auswanderung eines Drittels der Inselbewohner in alter Zeit. Die Auswanderer hätten dann ihren Namen auf die an der Weichselmündung bereits vorhandenen germanischen Stämme übertragen, zu denen natürlich ohne weiteres auch aus Südschweden gekommene Gauten gehört haben können.

Um 150 v. Chr. sind diese Turbulenzen vorbei, und es beginnt eine erneute Periode gotländischen Reichtums. Der Fernhandel brachte solche Gewinne, daß über 70 % der in ganz Skandinavien gefundenen römischen Denare von Gotland stammen. Aber auch Importwaren gelangten aus dem Imperium Romanum auf die Insel. In den eisenzeitlichen Gräbern fand man Bronzekessel, Gläser, Weinschöpfkellen und feine römische Keramik (Terra Sigillata). Rund 1500 Hausfundamente, die eine Länge von bis zu 60 Metern erreichen, sind auf Gotland heute aus jenen Jahrhunderten um Christi Geburt bekannt. Die Bauern der Neuzeit hielten die Hausreste ihrer Vorfahren für die Gräber von Riesen und nannten sie deshalb „Kämpgravar". Bei Lojsta hat man ein großes eisenzeitliches Haus auf einem erhaltenen Kämpgrav-Fundament rekonstruiert. Sein mächtiges Dach aus Ag (Schneidried) reicht hinab bis auf das rechteckige, nur einen halben Meter hohe Steinfundament, und im düsteren, fensterlosen Inneren ziehen sich zwei Reihen mächtiger Holzpfosten in Längsrichtung durch das Haus, um das Dach zu stützen. Die jungbronzezeitliche Sitte der Leichenverbrennung hält auch die ganze Eisenzeit über an. Die Urnen werden nun aber wieder in Grabhügeln beigesetzt, die sich von denen der Bronzezeit allerdings stark unterscheiden. Sie sind jetzt kleiner (max. 2 Meter hoch) und werden von einer Trockenmauer aus Kalkstein eingefaßt. Es gibt mehrere große eisenzeitliche Grabhügelfelder auf Gotland; das wohl schönste davon besteht aus rund 350 Gräbern und liegt im Wald von Trullhalsar bei Anga.
Für mehr als ein halbes Jahrtausend dauerte der eisenzeitliche Wohlstand an, bis er während der unruhigen Epoche der Völker-

Der Schatz von Lilla Tollby
bei Källunge (um 995)
(nach Lemke, 1970)

Die Kistenbildsteine von Ardre
(V und VI) (um 1050)

wanderung vorübergehend wieder unterbrochen wurde. Die zahlreichen Hortfunde, entstanden durch das eilige Vergraben des angesammelten Reichtums, und der Bau von über 60 Fluchtburgen (vor allem auf den natürlichen Plateaus aus der Ancylus-Zeit) zeigen an, daß die Insel in dieser Periode ab etwa 500 n. Chr. einer feindlichen Bedrohung ausgesetzt gewesen sein muß.
In diesem Zusammenhang ist wohl auch die Torsburg im Osten der Insel zwischen Gammelgarn und Ala zu sehen. Sie ist eine gewaltige vorgeschichtliche Verteidigungsanlage, die größte nicht nur auf Gotland, sondern im gesamten Nordeuropa. Allerdings wurde an Torsburgen auch mehrere Jahrhunderte lang (von ca. 300–800 n. Chr.) gebaut. Ein Plateau mit einer Fläche von knapp zwei Quadratkilometern ist dort unter geschickter Einbeziehung der Geländeformen befestigt worden. An drei Seiten besorgen natürliche Steilhänge die Begrenzung der Burg, im Süden jedoch, wo solche Abhänge fehlen, hat man aus Kalksteinplatten einen gewaltigen Abschnittswall errichtet.
Die Gutasaga hat ihre eigene Geschichte zur Entstehung der Torsburg:
„Dann vermehrte sich das Volk auf Gotland lange Zeit hindurch so sehr, daß das Land sie nicht alle zu ernähren vermochte. Da losten sie aus dem Lande fort jeden dritten Menschen, so daß sie alles haben und mit sich fortnehmen konnten, was sie oberhalb der Erde besaßen. Danach wollten sie ungern fortgehen, sondern sie gingen nach Torsburgen und ließen sich dort nieder. Da wollte das Land sie nicht dulden, sondern sie vertrieben sie von dort . . .“

Der Saga zufolge zogen die Vertriebenen nach Zwischenstationen auf Fårö und der estnischen Insel Dagö weiter die Düna aufwärts nach Rußland, und später gelangten sie sogar noch bis nach „Griclanz“ (= Griechenland), wo ihnen der dortige Herrscher Land zuwies.
Die Überlieferung läßt die Torsburg als von einem durch das Los aus der Heimat vertriebenen Drittel der Inselbevölkerung errichten und spricht sogar von einer Art Bürgerkrieg unter den Gotländern. Richtig daran ist, daß beim Bau des gewaltigen Abschnittswalles der Burg tatsächlich mindestens ein Drittel der Einwohner jahrzehntelang geschuftet haben muß. Die Barriere ist 1,5 km lang, heute 4–7 Meter hoch und an der Basis bis zu 24 Meter breit. Man hat berechnet, daß in dem Wall mindestens soviel Steinmaterial verbaut worden ist, wie die Ägypter zum Bau der Cheopspyramide benötigt hat-

ten! Allein diese Ausmaße von Torsburgen beleuchten schlaglichtartig das hohe Organisationsniveau, das die gotländische Bauerngesellschaft bereits in vorgeschichtlicher Zeit erreicht haben muß.
Ansonsten verquickt die Saga jedoch unterschiedliche historische Ereignisse wie die wendelzeitlichen Prä-Warägerzüge ins Baltikum und die Abwanderung der Gutar/Goten in der vorchristlichen Eisenzeit. Man braucht nur die Düna gegen die Weichsel auszutauschen, dann ist die historische Zugroute der Goten bis hin nach Ostrom = Griclanz und ihre Landnahme als römische Föderaten völlig korrekt beschrieben.
Es waren vor allem die Svear, die ab 500 n. Chr. ihre Hände nach Gotland ausstreckten und damit den Anlaß zum Burgenbau gaben. Dieses nordgermanische Volk lebte auf dem skandinavischen Festland in der schwedischen Provinz Uppland rund um Uppsala. Die Svear griffen jedoch nicht nur die Insel Gotland an, sie bekriegten auch ihre südlichen Nachbarn, die Gauten oder Göten, und es bedurfte eines über Jahrhunderte andauernden Kleinkrieges zwischen beiden Völkern, bis endlich aus der allmählichen Verschmelzung von Svear und Göten das schwedische Volk hervorging.
Zu diesem Zeitpunkt hatten sich die Gotländer längst freiwillig dem in Alt-Uppsala residierenden Svearkönig unterstellt und sich durch mäßige Tribute eine weitgehende Autonomie nach innen und außen erkauft. Die „Herrschaft“ der Svear war kaum mehr als eine nominelle Oberhoheit.
Nach einem Jahrhundert der Unruhe kann so um 600 n. Chr. schließlich die letzte und reichste Periode in der Vorgeschichte der Insel beginnen. Ihr Hauptcharakteristikum sind die sogenannten Bildsteine, zurechtgehauene und mit eingemeißelten Bildern geschmückte Silurkalkplatten, die überwiegend wohl Gedenksteine für Verstorbene waren. Ihre Funktion ist also dieselbe wie bei den wikingerzeitlichen Runensteinen des übrigen Skandinaviens, jedoch setzt das Aufstellen der schriftlosen gotländischen Steine bereits im 5. Jahrhundert n. Chr. ein; d. h., die ersten Bildsteine sind rund 500 Jahre älter als die ältesten skandinavischen Runensteine.
Nach Form, Motiven und zeitlicher Stellung lassen sich die Bildsteine in mehrere Gruppen einteilen. Die Steine des ältesten Typs, die in das 5. bis 6. Jahrhundert datiert werden, haben eine Gestalt, die entfernt an eine aufgerichtete Beilklinge erinnert. Ihre Bilder lassen sich heute kaum mehr sinnvoll deuten, aber es scheint, als seien auf Gotland damals noch immer Elemente der bronzezeitlichen Sonnenreligion lebendig gewesen. Die Hauptmotive auf den älteren

Der Kistenbildstein von Sanda (I) (um 1000)

Steinen sind in der Regel nämlich Wirbel- und Spiralräder (teilweise mit Strahlenkränzen), die eindeutig als Sonnensymbole verstanden werden müssen.

Die Bilder der jüngeren Steine, die aus der Zeit von ungefähr 700–1050 stammen, sind völlig anders geartet. Auch wenn viele Details unklar bleiben, so bewegen sich die Motive nun doch eindeutig im Bereich der nordischen Mythologie, wie sie uns aus der Edda bekannt ist; z. B. finden sich mehrfach Darstellungen, die den Einzug gefallener Helden in Walhall zeigen: Von Odins achtbeinigem Roß Sleipnir getragen und begleitet von seinem Hund reitet da der Krieger auf die im Hintergrund gelegene Götterhalle zu. Eine Walküre reicht ihm zur Begrüßung das Methorn, und in der Umgebung der Halle messen sich die Einherier im Kampf.

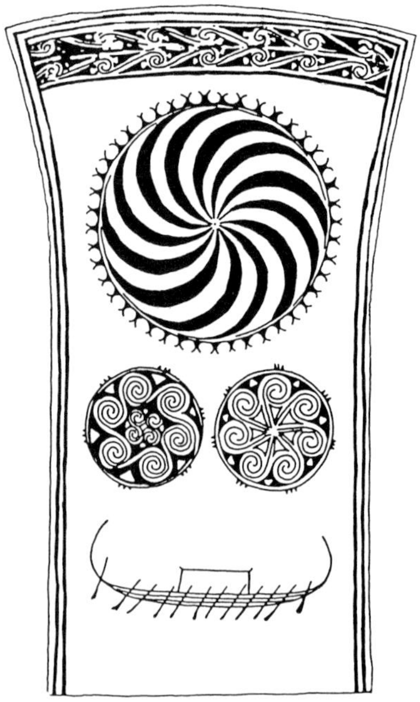

Der Bildstein von Bro (I)
(um 400–600)

Andere Bildmotive betreffen z. B. die Szene, wie Odin, nachdem er die Riesin Gunnlöd verführt hat, zum Dank von ihr einen Schluck des Dichtermets erhält. Als Odin daraufhin von Gunnlöds erzürntem Vater Suttung bedroht wird, entflieht er in der Gestalt eines Adlers.

Exemplarisch zeigt der Stein Lärbro-Stora Hammars (I), der umgestürzt inmitten einer Waldweide gefunden wurde, das graphische Inventar der jüngeren Bildsteine. Heute hat die rund 3 Meter hohe Kalksteinplatte einen neuen Platz im Freilichtmuseum Bunge gefunden; d. h., Lärbro-Stora Hammars I., ist einer der wenigen gut erhaltenen Steine, die noch im Freien und nicht im Museum Gotlands Fornsal in Visby oder im Historischen Museum in Stockholm stehen. Datiert wird der Stein in das 8. nachchristliche Jahrhundert. Sein Hauptmotiv ist wie üblich ein Segelschiff inklusive Besatzung, und zwar ein Drachenboot mit verzierten Steven, Seitenruder und an der Reling aufgereihten Rundschilden. Der Rudergänger scheint auf einer Art erhöhtem Achterkastell zu sitzen, auf dem auch die gebündelten Lanzen der Besatzung deponiert sind. Die Vielzahl der Schoten dürfte mit der besonderen Konstruktion des großen Rahsegels zusammenhängen.

Was die Szenen über dem Schiff betrifft, so muß vieles rätselhaft bleiben. In fünf waagerechten Bildstreifen wird hier wie in einem Comicstrip offenbar eine Saga erzählt, in der es ziemlich kriegerisch zugegangen sein muß. Eventuell handelt es sich um eine ältere Form der Saga vom Kampf der Hjadninge, die auf Island überliefert wurde, und in der es darum geht, wie Hethinn, der Sohn des Hjarandi die Tochter des Königs Hogni namens Hildr raubt.

Der Bildstein von Lärbro-Stora Hammars I (Freilichtmuseum Bunge)

Im dritten Bildstreifen von oben werden eindeutig verschiedene Menschenopfer dargestellt. Links erkennt man z. B. ein sogenanntes Hängeopfer: Ein mit Schwert und Schild bewaffneter Mann ist dort an einem niedergebogenen Baum aufgeknüpft. Da der Krieger als einziger auf dem gesamten Stein genau ein Auge hat, erinnert die Szene sehr stark an Odin, der sich selbst opferte, um dadurch die Zauberkräfte der Runen zu erlangen. In der Älteren Edda heißt es dazu:

„Ich weiß, daß ich hing am windigen Baum
Neun lange Nächte,
Vom Speer verwundet, dem Odin geweiht,
Mir selber ich selbst,
Am Ast des Baumes, dem man nicht ansehen kann,
Aus welcher Wurzel er wächst."

Vielleicht waren letztendlich die Invasionen der Svear dafür verantwortlich, daß die Bildwelt der jüngeren Steine so total von den Motiven auf den älteren Steinen abweicht. Vielleicht wurde erst durch die Svear der klassisch nordgermanische Asenglauben mit seinen Hauptgöttern Odin, Thor und Freyr auf Gotland eingeführt, während die Inselbewohner zuvor noch ihrem uralten Sonnenkult angehangen hatten.

Wetterfahne des Kirchturms von Källunge, wahrscheinlich von einem Wikingerschiff stammend (nach Herrmann et. al., 1982)

Ein Motiv findet sich jedoch sowohl auf den älteren wie auf den jüngeren Steinen – das Schiff. Zuerst wird es noch ausschließlich gerudert, Segel sieht man nirgendwo. Seine Form, meist nur mit wenigen Strichen angedeutet, ist von bestechender Eleganz. Weit entfernt von Gotland, in einem vorgeschichtlichen Opfermoor bei Nydam in Nordschleswig, wurde im Jahre 1863 ein Boot von 23 Meter Länge und 3,3 Meter Breite gefunden, das viel Ähnlichkeit mit den schlanken gotländischen Schiffen der frühen Bildsteine besitzt.

Schon auf den sogenannten Zwergsteinen aus der Zeit von etwa 500–700 hat sich die Gestalt der Schiffe jedoch erheblich gewandelt. Ab jetzt besitzen sie immer ein großes Rahsegel und außerdem manchmal einen Wammenbug, der ihre Segeleigenschaften verbessern half. In dieser Form wurden die Schiffe die „Arbeitstiere“ der gotländischen Bauernhändler und somit letztlich die Grundlage des enormen Reichtums, der sich ab dem 8. Jahrhundert wieder auf der Insel auszubreiten begann.

Der Runenstein von Sjonhem
(um 1050)

Wie schon zur Römerzeit stammt auch jetzt wieder der größte Teil der im gesamten Skandinavien gefundenen Münzen von Gotland. Ca. 700 Schatzfunde aus Silbermünzen hat die kleine Insel bisher erbracht, gegenüber rund 350 im übrigen Nordeuropa. Die Herkunft der Münzen gibt Auskunft darüber, wohin der Handel der Gotländer ging: Zuerst kommen sie aus dem arabischen Raum und aus Byzanz, ab dem 10. Jahrhundert dann eher aus England und dem entstehenden römisch-deutschen Kaiserreich.

Der Kistenbildstein von Ire (V) bei Hellvi (um 600–800)

So befinden wir uns nun mitten in der Wikingerzeit, die von etwa 800–1050 dauert. Die Gotländer sind vielleicht nicht ganz so kriegerisch wie ihre schwedischen, dänischen und norwegischen Verwandten, aber ihre weiten Fahrten nach „Gardarike" (= Rußland) und sogar bis in den griechisch-arabischen Raum waren nicht weniger kühn als die eigentlichen Normannenzüge. Davon künden die Runen, die ab etwa 1050 auf den Gedenksteinen die bildlichen Darstellungen ersetzen. Eine typische Inschrift besitzt der Runenstein von Sjonhem. Übersetzt lautet sie ungefähr so:

> Rothvisl und Rothalf, die ließen Steine setzen für ihre drei Söhne – diesen für Rothfos. Ihn töteten die Walachen auf einer Auslandsfahrt.
> Gott helfe Rothfos' Seele.
> Gott töte diejenigen, die ihn töteten.

Im Original liest sich ein solcher Text, geschrieben in dem aus nur 16 Zeichen bestehenden Runenalphabet, dem sogenannten jüngeren Futhark, folgendermaßen:

> roþuisl:auk:roþalf:þau:litu:raisa:staina:iftir:su . . .þria:
> þina:iftir:roþfos:han:siku:blakumin:i:utfaru
> kuþ:hiilrin:sial:roþfosR
> kuþ:suiki:þa:aR:han:suiu:

Die Kunst des Schreibens hatte also auf Gotland Eingang gefunden. Aber noch etwas anderes geht aus den Runensteinen hervor: Die Gotländer waren nun Christen geworden, auch wenn die Bitte um Gottes Rache auf dem Stein von Sjonhem nur wenig christliche Gesinnung verrät. Damit findet die Vorgeschichte Gotlands ihr Ende, indem sie allmählich und ohne größeren Bruch in die geschichtliche Zeit des hohen Mittelalters überleitet.

DIE GOTLÄNDISCHE BAUERN-REPUBLIK UND IHRE KULTUR

Das früheste eindeutig fixierbare historische Ereignis der gotländischen Geschichte ist die Anwesenheit König Olavs des Heiligen auf der Insel im Winter 1028/29. Olav war zuvor durch den Dänenkönig Knut dem Großen von seinem norwegischen Thron vertrieben worden und befand sich nun auf der Flucht zu seinem Schwager Jaroslaw, dem Fürsten von Kiew. Der Gutasaga zufolge soll Olav während seiner Überwinterung auf der Insel den Gotländern erstmalig das Christentum gepredigt haben.

Auch wenn diese Missionierung durch den heiligen König umstritten ist, so hat die Sage den Zeitpunkt der Christianisierung doch recht genau getroffen, denn die drei Urkirchen der Insel in Stenkyrka, Atlingbo und Fardhem wurden etwa zwischen 1030 und 1050 begründet.

Auf ihren weiten Handelsfahrten nach Deutschland, Rußland und bis Byzanz müssen die Gotländer zu diesem Zeitpunkt längst mit dem christlichen Glauben in Berührung gekommen sein. Weil aber wegen der weitgehenden Unabhängigkeit der Inselbewohner jeder äußere Zwang fehlte, hat es doch bis ins 11. Jahrhundert gedauert, bevor sie endgültig ihren alten Göttern Odin, Thor und Freyr abschworen. Dafür taten sie es dann aber auch freiwillig, und um so eifriger sollten sie sich in der Folge dem Bau ihrer Gotteshäuser widmen, so daß bis um 1100 auf Gotland ein dichtes Netz bäuerlicher Pfarrkirchen entstand.

Doch werfen wir zunächst einmal einen Blick auf die Regeln des Zusammenlebens in der mittelalterlichen Inselgesellschaft. Im 13. Jahrhundert wurde die gotländische Verfassung im sogenannten Gutalag aufgezeichnet. Ihre Grundzüge stammen aber noch aus heidnisch-germanischer Zeit, und auch die Einführung des Christentums hat sie später nicht mehr wesentlich verändert. Im Prinzip war die Verfassung demokratisch und republikanisch; d. h., alle landbesitzenden Bauern besaßen die gleichen Rechte und Pflichten, und oberste Instanz des „Staates" war die Volksversammlung, das typisch germanische Thing. Die Tendenz des gotländischen „Grundgesetzes" war also eindeutig antifeudal. Im Gegensatz zum schwedischen Festland konnte sich auf der Insel deshalb nie eine

Adelsschicht bilden, obwohl auch die gotländische Bevölkerung rechtlich und sozial nie homogen war, sondern zu einem gewissen Teil aus Halbfreien und sogar Sklaven bestand.

Zusätzlich hatte während der langen kontinuierlichen Entwicklung seit der Völkerwanderungszeit aber auch unter den freien Bauern eine soziale Differenzierung stattgefunden. Die „Farmannar", die Fernhandel treibenden Großbauern, hatten eine herausgehobene Stellung erlangt, die einigen von ihnen im Thing gewisse Vorrechte brachte. Die angesehensten bäuerlichen Fernhändler, die man sich als ebenso wohlhabende wie weitgereiste Sippenpatriarchen vorstellen muß, waren die Landsdomarna (=Landesrichter). In ihren Händen lag die Leitung des Gutnalting, des gesetzgebenden und rechtsprechenden Inselparlamentes. Außerdem war Gotland im Mittelalter in Drittel unterteilt, wie schon die Anzahl der drei Urkirchen erkennen läßt, und jedes Inseldrittel seinerseits beinhaltete zwei Thingbezirke, denen die Settingsdomarna (=Sechstelthing-Richter) vorstanden. Im Ausland fungierten die Richter darüber hinaus auch

Rekonstruktion der Stabkirche von Hemse (nach Ekhoff) (nach Nylen u. Lamm, 1981)

als Abgesandte, die auf diplomatischen Missionen die – zumeist handelspolitischen – Interessen der Gotländer vertraten.
Formal stand Gotland zwar nach wie vor unter der Oberhoheit des schwedischen Königs, aber de facto beschränkte sich diese Abhängigkeit auf mäßige, jährlich zu entrichtende Steuern, und die durften noch nicht einmal vom König oder seinen Beamten, sondern nur von den Bauern selbst eingezogen werden. Als einziger schwedischer König hat im Jahre 1313 Birger Magnusson versucht, die Abgaben selbst einzutreiben. In einer Schlacht bei Fleringe besiegten die Bauern sein Gefolge, nahmen den König kurzerhand gefangen und ließen ihn erst nach Bestätigung ihrer alten Rechte wieder frei. Auch zur Heerfolge waren Gotländer nicht verpflichtet. Die Verhältnisse auf der Insel erinnern in vielem an das hochmittelalterliche Island, das ebenfalls eine unabhängige, noch aus der Wikingerzeit stammende Bauernrepublik war.
Die Sprache von Gutalag und Gutasaga ist das Altgutnische, das im Mittelalter auf Gotland sowohl Alltags- als auch Amtssprache war. Ursprünglich war es nur ein Dialekt des Altnordischen, aber später hat sich das Inselidiom so weit von den mit ihm verwandten schwedisch-dänischen Mundarten entfernt, daß es schließlich zur eigenständigen nordgermanischen Sprache geworden ist.
Nach der Christianisierung im 11. Jahrhundert florierte der gotländische Fernhandel unterdessen mehr denn je. Ein großer Teil des Warenverkehrs zwischen dem bereits relativ hoch entwickelten West- und Mitteleuropa und dem riesigen nord- und osteuropäischen Raum lag in den Händen der Gotländer, die als Zwischenhändler daraus einen immensen Profit zogen.
Jeden Herbst, wenn es in der Landwirtschaft nicht mehr allzu viel zu tun gab, zogen die „Farmannar“ zu ihren überall an der Inselküste verstreut liegenden Bootslandeplätzen, um sich zur Handelsfahrt über die Ostsee einzuschiffen. Gotland wurde zum Zentrum eines Geflechts von Handelsrouten, das sich von Haithabu-Schleswig, Reric, Stettin, Jumne-Wollin und Sigtuna bis hin nach Pleskau und Nowgorod erstreckte. Von Schleswig aus ging der Warenverkehr weiter nach England und Flandern, vor allem aber auch in den norddeutschen Raum zwischen Köln und Magdeburg.
In Nowgorod besaßen die Gotländer den Gutagård, eine große Handelsniederlassung mit einer eigenen, dem heiligen Olav geweihten Kirche. Die verschiedensten Handelsgüter wurden über den Gutagård vertrieben: Aus dem Westen kamen Getreide, Salz, Wein und Fertigprodukte wie flämische Tuche oder Metallwaren, aus

Gotländisches Handelsschiff aus dem frühen 13. Jh. (nach einer Ritzzeichnung in der Kirche von Fide)

dem Osten hingegen insbesondere die Erzeugnisse der russischen Waldwirtschaft wie Pelze, Wachs, Pech, Holzkohle und Pottasche.
Im Süden reichten die Handelsbeziehungen Gotlands also bis weit nach Mitteleuropa hinein, und auf ihren weiten Reisen dorthin lernten die „Farmannar“ natürlich auch die romanische Steinarchitektur kennen. Ohne zu zögern, übertrugen sie die ihnen fremde Bauweise auf ihre Insel; d. h. spätestens in der 1. Hälfte des 12. Jahrhunderts ist man bei den gotländischen Kirchen allgemein zum Steinbau übergegangen.
Zuvor waren die Inselkirchen noch vollständig aus Holz gebaut gewesen und meist auch nur von geringer, in der Länge 10 Meter kaum überschreitender Größe. Bei Restaurierungsarbeiten im heutigen Gotteshaus von Hemse im Süden Gotlands fand man mehrere Wandbohlen einer solchen frühen Holzkirche, die im steinernen Nachfolgebau als Fußbodenbretter wiederverwendet worden waren. Das erste Gotteshaus von Hemse war demnach eine Stabkirche ähnlich den noch heute in Norwegen erhaltenen, jedoch kleiner und schlichter (im Staatlichen Historischen Museum in Stockholm ist die Stabkirche von Hemse mit ihrem im germanischen Tierstil verzierten Portal als Teilrekonstruktion wiedererrichtet worden).
Ab etwa 1100 errichtete man nun zuerst die Chöre der Bauernkirchen aus Kalkstein, indem man sie im Osten an die alten Stabkirchen anfügte. Das neue Baumaterial war zwar aufwendiger und teu-

rer als Holz, aber immer noch relativ leicht zu beschaffen und zusätzlich wesentlich dauerhafter. Schon die frühen gotländischen Steinchöre entsprechen dabei mit ihrem kreuzgratgewölbten Quadrum und der halbrunden Apsis vollständig den gleichzeitigen Bauformen der mitteleuropäischen Romanik. Dennoch waren sie mit Sicherheit Werke einheimischer Baumeister und Steinmetzen; das zeigen schon die noch deutlich vom Dekorationsstil der Stabkirchen beeinflußten Muster auf den Quadern der ältesten Steinkirchen (z. B. in Sanda). Bald nach den Chören wurden auch die alten hölzernen Langhäuser der Pfarrkirchen durch solche aus Stein ersetzt, und zusätzlich bekamen sie schlichte, blockartige Westtürme aus demselben Material.

Mitte des 12. Jahrhunderts begann außerdem die große Zeit der gotländischen Steinmeister, deren Aufgabe die plastische Ausschmükkung der Gotteshäuser von innen und außen war. Vor allem die Einfassungen der Portale und die steinernen Taufbecken wurden in den nächsten 200 Jahren zu ihrem Hauptbetätigungsfeld. Nur von zwei Steinmeistern, Hegwaldr und Sighrafr, kennen wir die Namen, aber auch die anonymen lassen sich durch ihren ganz persönlichen Stil voneinander unterscheiden. Um 1900 hat ihnen der große schwedische Kunsthistoriker Johnny Roosval deshalb synthetische Namen verliehen wie Majestatis, Byzantios, Fabulator oder Calcarius. Die beiden überlieferten Namen beweisen, daß die Steinmeister ebenfalls zweifelsfrei einheimische Gotländer waren. Sie arbeiteten jedoch nicht nur für die gotländischen Kirchen, sondern auch für den Export. In vielen Kirchen Schwedens, Dänemarks und Norddeutschlands finden sich deshalb noch heute gotländische Taufsteine.

Genauso alt wie die ältesten Steinkirchen sind die sogenannten Kastalar, massiv gemauerte Türme von quadratischem oder rundem Querschnitt, die es fast nur auf den Kirchhöfen der küstennahen Gemeinden gibt (z. B. in Gammelgarn, Gothem oder Sundre). Durch ihre hochgelegenen Eingänge und ihre dicken, kaum von Fenstern durchbrochenen Mauern geben die Kastalar ihren ursprünglichen Zweck unschwer zu erkennen: Sie waren reine Verteidigungsbauten und dienten als Zuflucht bei Überfällen von See her. Als Angreifer kommen dabei eigentlich nur slawische oder estnische Seeräuber in Frage, die noch in der 2. Hälfte des 12. Jahrhunderts die Küsten der Ostsee unsicher machten.

Seit der Christianisierung war inzwischen ein gutes Jahrhundert vergangen. Erst jetzt, im Jahre 1164, wurde auf Gotland das erste

Blick auf Stora und Lilla Karlsö (Djauvik bei Fröjel)

Hällmark auf dem Grogarnshuvud bei Katthammarsvik

Kalkfelsenküste bei Hoburgen

Sonnenuntergang über der Ostsee bei Kneipbyn

Der Wall von Torsburgen

Bronzezeitliche Schiffssetzung in Gannarve bei Fröjel

Taufstein des Majestatis in der Kirche von Vall

Kapitellband an der Kirche von Gammelgarn

Die Kirche von Dalhem

Die Kirche von Hemse

Die Kirche von Väte

Wandmalerei des Passionsmeisters in der Kirche von Norrlanda

Visby. Der Westgiebel von St. Nikolai

Visby. Die Marienkirche (vom Klint aus gesehen)

Visby. In der Marienkirche

Visby. Die östliche Stadtmauer

Visby. Gamla Apoteket

Visby. In der Ruine von St. Karin

Kloster gegründet – in der bäuerlichen Gesellschaft der Insel fehlten eben jene Adeligen, die im übrigen Europa damals längst zahllose Klöster gestiftet hatten.

Doch dann kamen Zisterziensermönche von Nydala in Småland aus nach Gotland und errichteten in Roma das Kloster Guthnalia. Bis um 1200 hatten die Mönche ihr steinernes Gotteshaus vollendet. Sie waren dabei den Bauvorschriften ihres Ordens gefolgt, und so stand in Roma nun eine stattliche kreuzförmige und turmlose Basilika mit rechteckigem Chorschluß. Mit einer Länge von gut 50 Metern war die Klosterkirche für einige Zeit das größte Bauwerk auf der Insel, und ihre französisch-mitteleuropäisch geprägte Architektur brachte damals viele neue Impulse für die einheimische Baukunst.

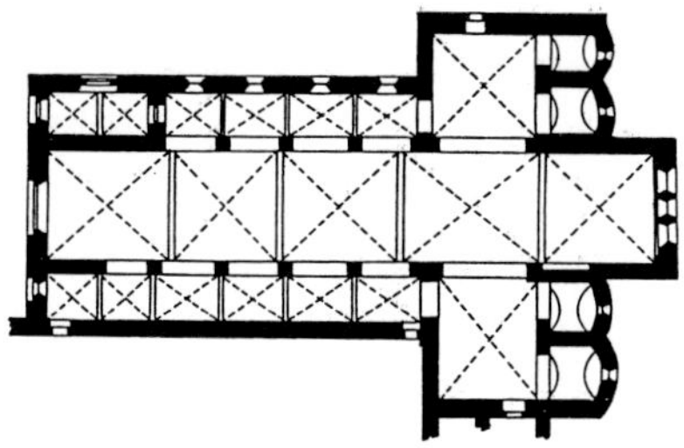

Rekonstruierter Grundriß der Klosterkirche von Roma

Roma ist das einzige Kloster auf Gotland geblieben (wenn man von den städtischen Bettelorden in Visby absieht). Der Zisterzienserkonvent wurde zum bedeutendsten kulturellen Zentrum der gesamten Bauernrepublik und erwarb im weiteren Verlauf des Mittelalters außerdem großen Landbesitz, einerseits auf Gotland selbst, andererseits aber auch bis weit ins Baltikum hinein.

Unterdessen hatten sich die handelspolitischen Konstellationen im Ostseeraum grundlegend zu wandeln begonnen. Der gesamte ostseeslawische Bereich von Ostholstein bis nach Pommern war zwischen 1139 und 1181 unter deutsche Herrschaft gelangt. In einer groß angelegten Kolonisationsbewegung kamen Siedler niedersächsischer, westfälischer und flämischer Herkunft in diese neu eroberten Gebiete, und in rascher Folge gründeten sie entlang der südlichen Ostseeküste neue Handelsniederlassungen oder „modernisierten" die alten.

Ihre erste Neugründung war im Jahre 1159 (nach mehreren Anläufen seit 1143) die Stadt Lübeck, und von Anbeginn an waren die Handelsinteressen der von Lübeck aus in die Ostsee vorstoßenden deutschen Kaufleute mit denen der Gotländer identisch. Die Deutschen hatten sich schon einige Jahrzehnte zuvor in den Ostseehandel einzuschalten begonnen, aber erst durch die Gründung Lübecks bekam ihre Stimme Gewicht.

Prompt erschienen im Jahre 1161 in der Ertheneburg an der Elbe gotländische Gesandte vor dem Sachsenherzog Heinrich dem Löwen, um sich wegen der neuen Konkurrenz zu beschweren. Es gelang Heinrich damals zu vermitteln. Auf seinen Vorschlag hin organisierten sich die Deutschen in einer „Genossenschaft der Gotland besuchenden Kaufleute des Römischen Reiches" (Universi Mercatores Imperii Romani Gotlandiam Frequentantes), und nach zähen

Mittelalterliche Landkirchen auf Gotland

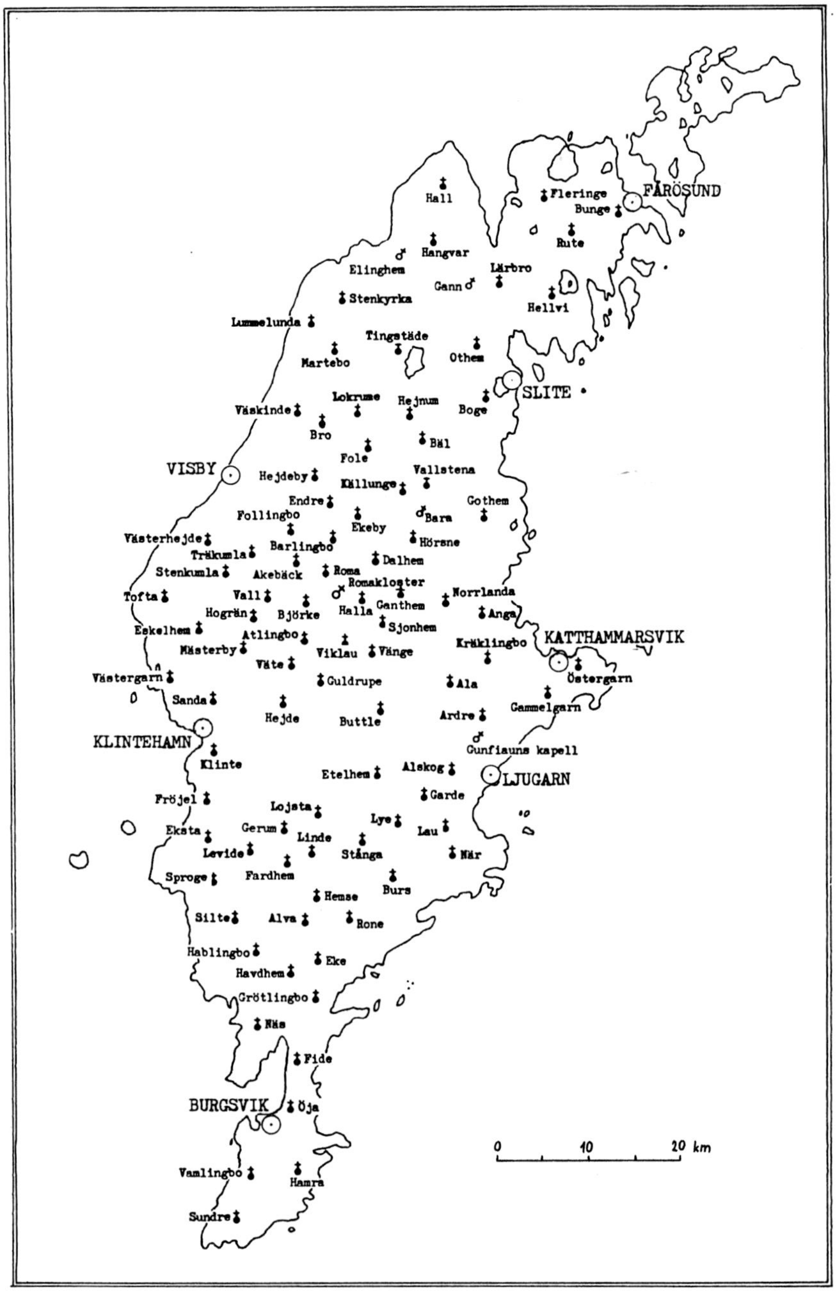

Verhandlungen erreichte der Herzog eine Übereinkunft zwischen den Gotländern und den „Frequentantes“, die den Gotländern zwar ausdrücklich ihre alten Rechte verbriefte, jedoch den Deutschen erstmalig ebenfalls wichtige Privilegien einbrachte.
Zentrum der deutschen Gotlandfahrer war bereits damals Visby. Dort befand sich schon seit der Wikingerzeit ein Handelsplatz, des-

sen Bevölkerungsstruktur immer stärker vom Rest der Insel abzuweichen begann und der so allmählich städtische Züge annahm.
Das war die Situation um 1200. Noch war die gotländische Bauernhändler-Gesellschaft jedoch durchaus vital und dem Wettbewerb mit der deutschen Konkurrenz gewachsen. Die reicheren Bauern hatten damals sogar die Mittel, ihre Höfe auf das großartigste auszubauen. Sie übertrugen die inzwischen beim Kirchenbau gewonnenen Fertigkeiten im Umgang mit dem Naturstein auch auf den Profanbau, und ab dem Ende des 12. Jahrhunderts entstanden so auf rund 200 gotländischen Großbauernhöfen profan genutzte Steinhäuser. Vor allem waren es die Warenspeicher und die Wohnhäuser, die nun aus Kalkstein aufgemauert wurden.
Gemessen am ursprünglichen Bestand ist davon kaum etwas erhalten geblieben. Wenigstens teilweise intakt bzw. restauriert sind die mittelalterlichen Steinhäuser von Stora Hästnäs bei Visby, Lauks bei Lokrume, Vatlings bei Fole und Kattlunds bei Grötlingbo. Ruinen wie die von Bringes bei Norrlanda zeigen allerdings, daß die erhaltenen Bauten bei weitem nicht die prächtigsten waren.
Ein solcher mittelalterlicher „Farmannagård" (= Bauernhändlerhof) muß fast einem kleinen Dorf geglichen haben. Den Eingang zum Hof bildete häufig ein stattliches spitzbogiges Steintor mit Treppengiebel und einem gotländischen Ringkreuz auf der obersten Stufe. Beeindruckendstes Gebäude und wohl eine Art Statussymbol des Hofbesitzers war der zwei- bis dreigeschossige steinerne Speicher mit seinen Gewölben und Galerien; dagegen trat das ebenfalls steinerne und gewölbte Wohnhaus fast in den Hintergrund. Rings um den zentralen Hofplatz lagen außerdem mehrere Wirtschaftsgebäude, die meist wohl nur aus Holz waren und ein dickes Ag-Dach hatten. Nur auf den reichsten Höfen, wie etwa dem erhalten gebliebenen Kattlundsgård, waren sogar Ställe und Scheunen aus Stein erbaut.
Über 90 steinerne Kirchen und an die 200 steinerne Bauernhäuser hoch oben im Norden auf einer Insel in der Ostsee – und das zu einer Zeit, in der selbst in Mitteleuropa auf dem flachen Land noch Holz und lehmgefülltes Fachwerk die absolut vorherrschenden Baumaterialien waren! Immer wieder sollte man sich bei der Betrachtung und Wertung des gotländischen Mittelalters diesen enormen architektonischen Reichtum vor Augen führen.
Ab 1250 wirkte sich dann der kulturelle Einfluß Visbys immer stärker auf die sakrale Baukunst der Landgemeinden aus. Doch haben die Gotländer offenkundig nur einzelne Motive aus der westfälisch

Langhausportal der Kirche von Gammelgarn

geprägten Frühgotik Visbys für ihre Kirchen übernommen und daraus dann einen ganz eigenen Stil geformt, den man recht treffend als „Gegengotik" tituliert hat. Von der gotischen Auflösung der Wandflächen in ein tragendes Gerüst aus gebündelten Diensten mit dazwischenliegendem komplexem Fenstermaßwerk, von Strebewerk und Fialen – ja, überhaupt vom ganzen Formenschatz der Gotik findet sich bei den Bauernkirchen in der Tat kaum etwas. Selbst eines der wichtigsten Charakteristika gotischer Baukunst, das Rippengewölbe, gibt es auf Gotland in keiner einzigen Kirche außerhalb Visbys! Die Inselbaumeister behielten das romanische Gratgewölbe ebenso bei wie die geschlossenen, blockartigen Wandflächen. Von außen wirken auch die stattlichsten Landkirchen dementsprechend schlicht; nicht einmal Strebepfeiler gliedern die vollkommen glatten Wände.
Um so mehr ziehen die Portale die Aufmerksamkeit des Betrachters an, da sie in gotischer Zeit von den Steinmeistern auf das Prächtigste ausgeschmückt werden. Stets sind mindestens zwei von ihnen vorhanden, jeweils eines an den Südwänden von Langhaus und Chor; Turm- oder Nordportale finden sich dagegen seltener. Die Einfassungen bestehen aus feinprofilierten Säulen und Kanten, die von behauenen Kapitellbändern unterbrochen werden. In ihrer expressiven Darstellungsweise gehören die teilweise figürlich skulpturierten Kapitellfriese dieser Portale zu den bedeutendsten Werken mittelalterlicher Steinmetzkunst in Skandinavien.
Ähnlich wie in der Wikingerzeit auf den Bildsteinen werden auch auf den Kapitellen ganze (nunmehr natürlich biblische) Geschichten erzählt; z. B. schildert auf dem rechten Langhaus-Kapitellband der Kirche von Gammelgarn ein gotländischer Steinmeister (mit dem bezeichnenden Kunstnamen) Fabulator die Ereignisse um Kain und Abel. Da sieht man in der Mitte einen Teufel, der grinsend die Getreidegarbe annimmt, die ihm von Kain heimlich zugeschoben wird. Links hingegen segnet Gott in der Gestalt von Christus das Opferlamm Abels, und rechts zieht Kain gerade das Schwert, um seinen Bruder Abel zu ermorden. Der Teufel im Zentrum erschien wohl dem Meister Fabulator selbst so bedrohlich, daß er ihm an den Füßen lieber Ketten anlegte; vielleicht wirkte hier aber auch das heidnische Motiv des angeketteten Fenriswolfes nach.
Ab 1250 waren es wiederum zuerst nur die Chöre der Landkirchen, die eine neue, „gegengotische" Gestalt erhielten. Sie wurden nun im Osten gerade abgeschlossen; auf eine Apsis bzw. ein Polygon verzichtete man. Außerdem waren die neuerbauten Chöre wesentlich

größer als ihre Vorgänger, so daß diejenigen romanischen Langhäuser, die nach der Errichtung eines gotischen Chores erhalten blieben, durchweg kleiner und niedriger sind als die neuen Baukörper. In der Regel wurden an die neuen Chöre jedoch bald auch große gotische Langhäuser angeschlossen, wodurch die Kirchen wieder ein vertrauteres Aussehen erhielten. Mittels runder Pfeiler wurden die neuen Langhäuser dann häufig zwei- oder gar dreischiffig eingewölbt. Im 14. Jahrhundert bekamen außerdem einige Landkirchen einen neuen Turm, dessen Wände nach dem Vorbild von St. Marien und St. Clemens in Visby auf halber Höhe durch Galerien unterteilt wurden.

Die stattlichsten gotischen Sakralbauten wurden zwischen 1330 und 1360 von der Bauhütte des Egypticus errichtet. Seine Langhäuser sind häufig dreischiffig und dreijochig (z. B. in Väte, Öja oder Grötlingbo), und der höchste Egypticus-Turm (in Rone) erreicht immerhin eine Höhe von 60 Metern.

Natürlich waren die Landkirchen auch innen wertvoll ausgestattet. Die Gemälde auf dem Putz ihrer Wände und Gewölbe, aber auch auf den bunten Gläsern ihrer Fenster gehören ebenso zu den großartigen Kunstwerken des mittelalterlichen Skandinavien wie die Erzeugnisse der gotländischen Holzschnitzerei.

Aus der Vielzahl des Erhaltenen ragen die Ringkreuze vielleicht besonders heraus. Monumental und mit einer häufig überlebensgroßen Skulptur des Gekreuzigten im Zentrum schmücken sie die Triumphbögen zwischen Langhaus und Chor. Die ursprüngliche Bedeutung des typisch gotländischen Ringkreuz-Symbols bleibt unklar, aber man vermutet, daß es sich um eine Verknüpfung von christlichem Kreuz und heidnischer Sonnenscheibe gehandelt haben könnte. Später hat man den Ring manchmal mit weiteren figürlichen Darstellungen gefüllt. Das prächtigste dieser nun als Scheibenkreuz bezeichneten Kruzifixe ist in der Kirche von Öja zu sehen.

So befand sich die Bauernrepublik Mitte des 14. Jahrhunderts noch mitten in einer kulturellen Blütezeit. Aber man zehrte inzwischen mehr von dem in der Vergangenheit angesammelten Reichtum, als daß man ihn noch vermehren konnte; denn inzwischen war der Rückgang des Handels für die Bauern zu einer unumstößlichen Tatsache geworden. Die Spannungen mit der Stadt Visby, die im Handel immer stärker dominierte, entluden sich mehrfach in schweren Fehden – besonders im Jahre 1288, als es zu einem blutigen Bürgerkrieg zwischen Stadt und Land kam. Der aus der Genossenschaft

Scheibenkreuz in der Kirche von Öja

der deutschen Kaufleute in Visby hervorgegangenen Hanse mit ihren bauchigen Koggen hatten die gotländischen Bauernhändler allerdings nicht mehr allzuviel entgegenzusetzen. Auch prächtige Kirchen und nach städtischen Vorbildern konstruierte gotische Steinhäuser auf dem Lande (etwa Stora Hästnäs nördlich von Visby) können darüber nicht hinwegtäuschen. Den Gutagård in Nowgorod hatten die Gotländer schon im Jahre 1313 vollständig an die Deutschen verpachtet.

Das jähe Ende des im Grunde genommen schon seit rund 4000 Jahren vom Fernhandel lebenden gotländischen Bauerntums kam dennoch plötzlich – und dieses Ende war grausam.

Man schreibt das Jahr 1361. Da landet im Sommer ohne jede Vorankündigung der dänische König Waldemar Atterdag mit 70 Schiffen und 2500 Mann an der Westküste der Insel bei Fröjel. Ein eilens zusammengestelltes gotländisches Bauernheer wird in der Schlacht bei Mästerby vernichtend geschlagen, und sofort marschieren die Dänen weiter nach Norden auf Visby zu, ein letztes verzweifeltes Aufgebot der Bauern vor sich hertreibend. Als die Gotländer vor den Mauern der Stadt ankommen, bitten sie händeringend um Aufnahme. Doch die Bürger halten die Tore verschlossen und liefern damit das zu einem großen Teil aus Greisen, Halbwüchsigen und Krüppeln bestehende „Heer" den anrückenden Dänen aus. Am 27. Juli 1361 kommt es so vor den Mauern von Visby zur letzten Schlacht – oder besser, es kommt zu einem grausamen Schlachten, in dem die dänischen Ritter die Reste des gotländischen Bauernheeres hinmetzeln, während die Bürger von Visby von ihrer Mauer herab tatenlos zusehen.

Nachdem das blutige Treiben vorüber ist, werden die Toten in Massengräbern auf einem Wiesengelände namens Korsbetningen unmittelbar vor der Stadt verscharrt. Dort steht noch heute ein uraltes Steinkreuz, dessen lateinische Inschrift daran erinnert. Übersetzt lautet sie:

> Im Jahre 1361 am Dienstag nach St. Jacobi fielen die Gotländer vor den Toren von Visby in die Hände der Dänen. Betet für sie!

Als man die Massengräber in unserem Jahrhundert wieder ausgrub, ergaben anthropologische Untersuchungen an den gefundenen Skeletten, daß dort tatsächlich eine Art gotländischer „Volkssturm" mit einem hohen Anteil halbwüchsiger oder gebrechlicher Menschen begraben worden war. Gleichzeitig wurde aber auch das ganze Ausmaß an Brutalität bei dem Gemetzel von 1361 offenbar: Viele Ske-

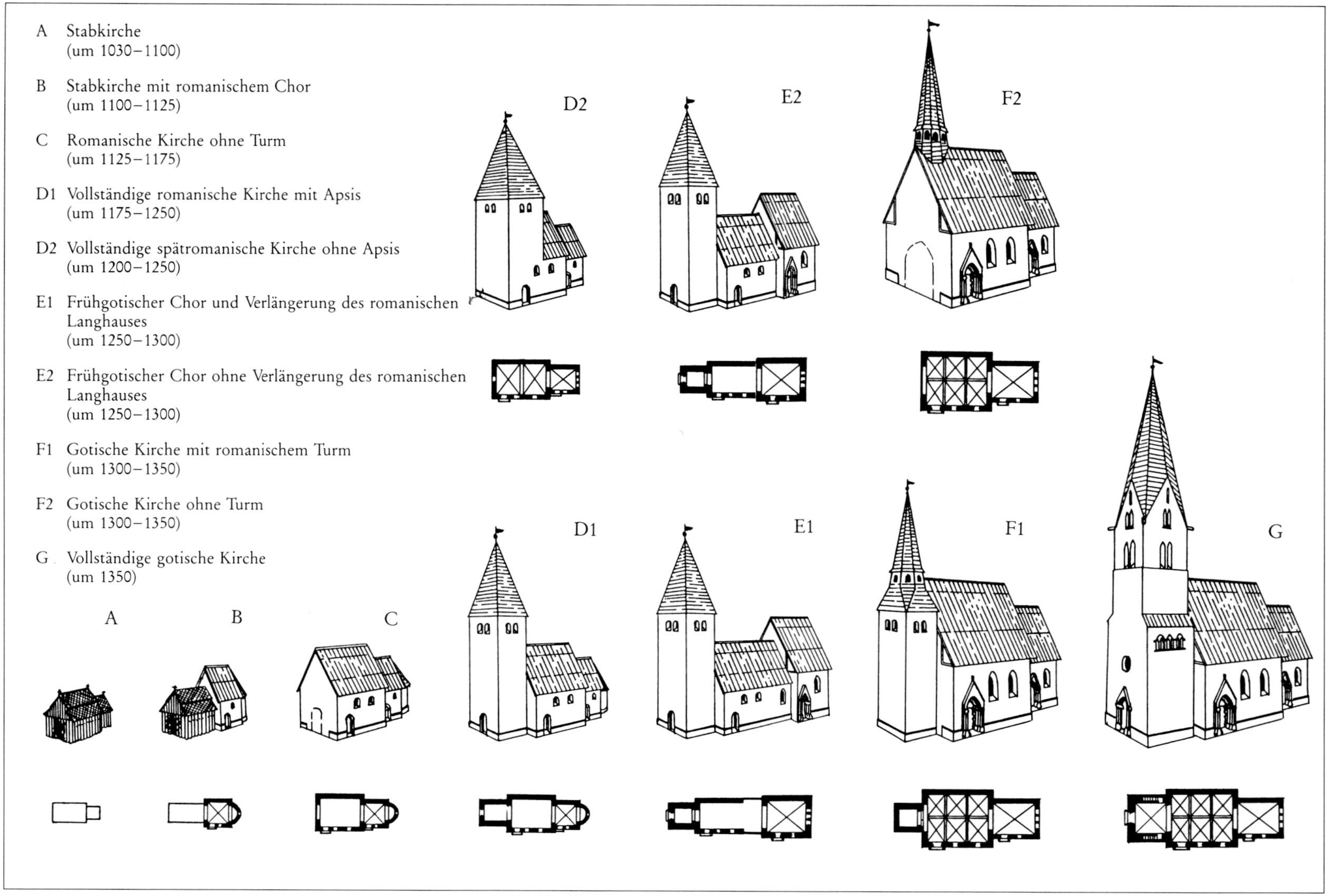

Die Entwicklung der gotländischen Landkirchen (frei nach Lagerlöf u. Svahnström, 1973)

lette besaßen tiefe Kerben in den Knochen oder gänzlich abgetrennte Gliedmaßen, und in den eingeschlagenen Schädeln steckten teilweise noch eiserne Pfeilspitzen.
Nachdem die Gotländer endgültig besiegt waren, scheinen die Dänen die gesamte Insel von Fårö bis Hoburgen geplündert zu haben. Innerhalb weniger Wochen wurde geraubt, was sich in Jahrhunderten auf den Farmannagårdar an Schätzen angesammelt hatte.
Das gotländische Bauerntum hat sich von dieser Katastrophe nie mehr erholt. Schlagartig brechen auf dem Lande nach der dänischen Eroberung der Kirchenbau und die Errichtung steinerner Wohnhäuser ab. – „Verbrannt sind die Höfe, klagend sinkt das geschlagene Volk unter dem Schwert darnieder", lautet eine lateinische Inschrift in der Kirche von Fide im Süden der Insel.
Wie abrupt die gesamte zuvor so reiche Inselkultur endet, zeigen die mitten im Umbau liegengebliebenen Kirchen besonders deutlich. So hatte man z. B. in Källunge um 1300 einen monumentalen dreischiffigen Hallenchor errichtet, gegen den Langhaus und Turm der alten Kirche zu einer kleinen Vorhalle degradiert worden waren. Hätte man den Bau wie geplant im Westen fortgeführt, wäre dort mit Sicherheit die größte Landkirche ganz Gotlands entstanden, aber nach dem Raub- und Eroberungszug König Waldemars war daran nicht mehr zu denken. Und bei der Kirche von Vallstena hatte man sogar schon begonnen, an einen großen Chor ein dazu passendes Langhaus anzufügen, als die Katastrophe kam, und der Bau eingestellt werden mußte. Das Provisorium aus gotischem Chor und Langhaus-Ostteil sowie romanischem Turm und Langhaus-Westteil wurde in Vallstena zum Dauerzustand und wirkt mit seinen drei verschiedenen hohen Dachfirsten höchst merkwürdig.

Wenigstens in der Sage ereilte König Waldemar aber doch noch eine – gewissermaßen überirdische – Rache für seine Untaten: Die dänischen Schiffe, schwer beladen mit den geraubten Schätzen, sollen alle im Sturm nahe Stora Karlsö untergegangen sein. Seitdem liegen der Sage nach dort auf dem Meeresgrund auch die beiden „Karbunkel", zwei gewaltige Edelsteine, die Atterdag aus der Wand der Kirche von Sundre, wo sie eingemauert waren, herausgebrochen hatte. Wenn die Fischer in den Gewässern um Stora Karlsö nach ihren Netzen sehen, leuchten von Zeit zu Zeit noch heute in der Tiefe geheimnisvoll die „Karbunkel".
Nach der dänischen Invasion dauerte es genau 284 Jahre, bis Gotland im Jahre 1645 schließlich wieder unter die Krone Schwedens

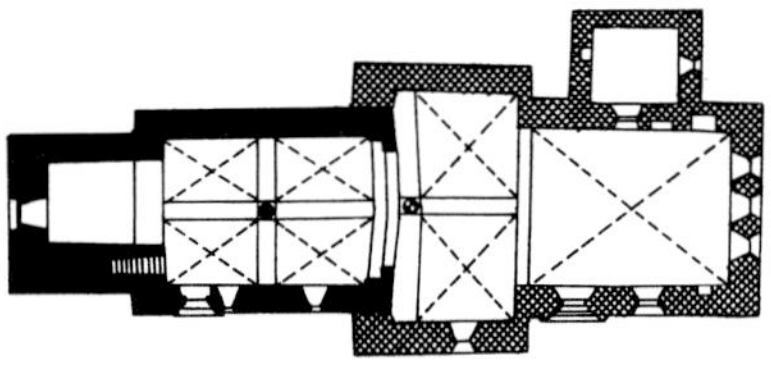

■ Anfang 13. Jh.
▒ um 1300
Grundriß der Kirche von Vallstena

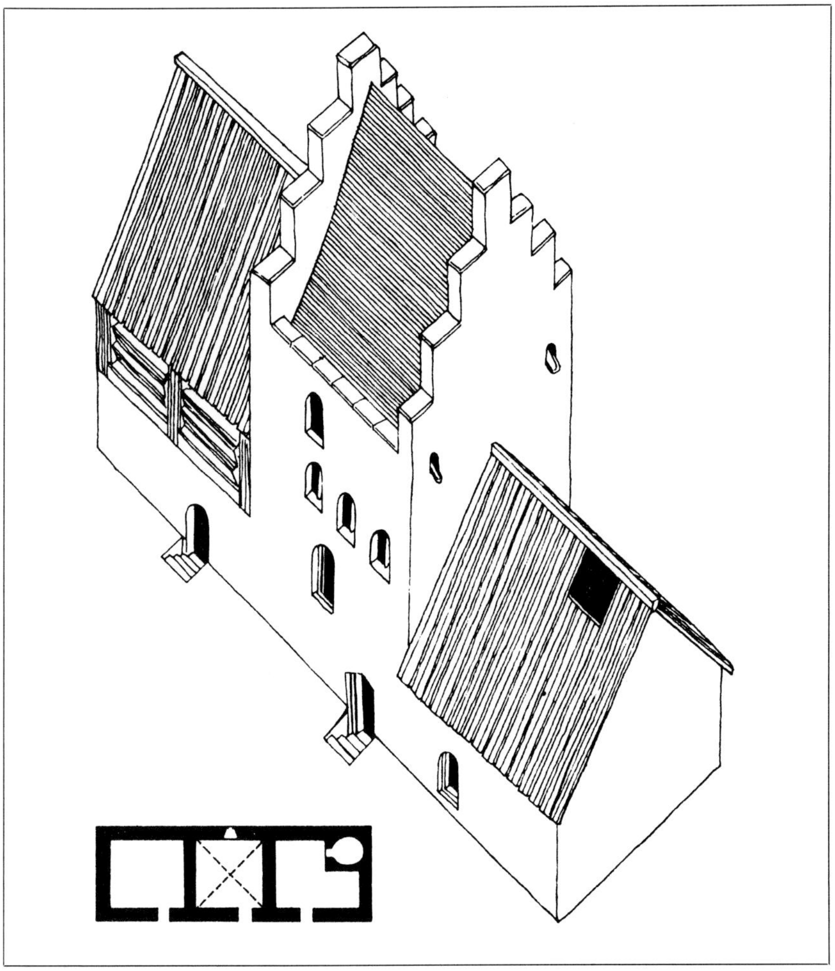

Rekonstruktion des Bauern-
händlerhofes Stora Hästnäs
bei Visby
(nach Büttner u. Meissner, 1981)

gelangte. Der einstige Reichtum der gotländischen Bauern war inzwischen längst in den Bereich der Sage entschwunden. In einem alten Volkslied, das im 17. Jahrhundert aufgezeichnet wurde, heißt es:

De Guther hafner så mogit Guld,
de kunde det icko eino;
Svinen jätter aff sjölfur Trug,
Hustruen spinder med Guldtheino.

Die Gotländer haben so reichlich an Gold,
sie können es kaum überschauen;
die Schweine fressen aus silbernem Trog,
mit Goldspindeln spinnen die Frauen.

GOTLAND NACH ATTERDAG – SPÄTES MITTELALTER UND NEUZEIT

Während sich Visby anfangs auch unter der dänischen Herrschaft noch eines gewissen Ranges erfreuen kann, versinkt der Rest der Insel nach 1361 bald in der Bedeutungslosigkeit. Gotland wird zum Spielball in den Auseinandersetzungen zwischen Dänen, Schweden und Deutschen um die Vorherrschaft im Ostseeraum. Die gotländischen Bauern, deren Position im Handel nun endgültig die Hanse übernommen hat, können dabei keine aktive Rolle mehr spielen, statt dessen wird ihre Insel wieder und wieder zum rein passiven Kriegsschauplatz.

Das wenige, das Waldemar Atterdag übriggelassen hat, holen sich ein paar Jahrzehnte nach ihm die Vitalienbrüder, als sie Gotland 1394 zu ihrem Hauptstützpunkt machen. Damals kämpfen Dänemark und das Herzogtum Mecklenburg gerade darum, wer Herrscher über Schweden sein soll – Königin Margarete von Dänemark oder Herzog Albrecht III. von Mecklenburg. Margarete hatte zwar ihren Widersacher Albrecht gefangennehmen können, und Schweden war auch schon nahezu vollständig in ihrer Hand, doch das zu einem großen Teil von Deutschen bewohnte Stockholm hielt trotz dänischer Belagerung nach wie vor zu den Mecklenburgern. Angeblich, um die eingeschlossene Stadt mit Viktualien (= Lebensmitteln) zu versorgen, aber gleichzeitig auch ausgestattet mit Kaperbriefen der mecklenburgischen Hansestädte Wismar und Rostock, besetzen daraufhin norddeutsche Freibeuter die Insel Gotland.

Die Vitalienbrüder lassen sich – wohl von den dazu gepreßten Bauern – mindestens drei feste Burgen bauen; auf der in der Vorzeit so burgenreichen Insel gab es inzwischen anscheinend kaum mehr größere intakte Befestigungen. Bezeichnenderweise liegen zwei der neuen Burgen bei den besten Häfen Gotlands in Slite und Klintehamn; die dritte Burg ist Lojsta slott im Inselinneren.

Von diesen Stützpunkten aus entfesseln die Besatzer einen Kaperkrieg, wie ihn die Ostsee bis dahin noch nicht erlebt hat. Einmal auf den Geschmack gekommen, beschränken die Vitalier ihre Überfälle bald nicht mehr auf dänische Schiffe, sondern sie greifen alles an, was auf dem Meer schwimmt und lohnende Beute verspricht. Auch Klaus Störtebeker und Gödeke Michels haben sich dabei wohl ihre

ersten Sporen verdient, doch der gesamte hansische Ostseehandel nimmt durch die zahllosen Kaperungen schweren Schaden.
Erst nach vier Jahren gnadenloser Seeräuberei werden die Vitalienbrüder 1398 durch den Deutschen Ritterorden wieder von Gotland vertrieben. Innerhalb von 37 Jahren erlebt die Insel ihre dritte Invasion, doch ist diesmal die Erleichterung der Gotländer deutlich spürbar, als die neuen Eroberer ihre Insel vom Joch der Piraten befreien. In der Kirche von Bunge werden die Taten der Ritter sogar auf Wandmalereien verherrlicht.
Der Deutsche Orden ist damals auf dem Gipel seiner Macht, und tatkräftig beginnt er, die Insel in seinen straff organisierten baltischen Staat einzubeziehen. Doch Gotland findet keine Ruhe. Nachdem die Ritter noch im Sommer 1404 einen dänischen Rückeroberungsversuch erfolgreich abgewehrt hatten, treten sie die Insel 1408 gegen Zahlung einer großen Geldsumme überraschend doch wieder an Dänemark ab. Wahrscheinlich wollte der Orden damals alle seine Kräfte auf die sich abzeichnende große Auseinandersetzung mit Polen-Litauen konzentrieren, die dann nur zwei Jahre später in der Schlacht bei Tannenberg tatsächlich auch stattfand.
1448/49 und 1524/25 versuchen dann schwedische Heere zweimal vergeblich, die Insel zu erobern. Das ungeschützte Bauernland können die Schweden beide Male einnehmen, aber im 15. und 16. Jahrhundert kann Gotland nur der beherrschen, der auch die mächtige, 1411 begründete Festung Visborg in Visby in seinem Besitz hat, und Visborg widersteht den Schweden sowohl 1448/49 als auch 1524/25. So bleibt Gotland weiter dänisch, und die Bauern stöhnen weiter unter den hohen Steuern, die sie an die selbstherrlich regierenden dänischen Lehnsherren abführen müssen. Ivar Axelsson Tott, Jens Holgersen Ulfstand, Laurens Schinkel, Sören Norby und Otte Rud heißen diese Adeligen, von denen einige ehrgeizige, den gesamten Ostseeraum umfassende Pläne haben. Sie betrachten Gotland zwar als bequeme Einnahmequelle, tun aber kaum etwas für die entlegene dänische Provinz, die sie im Auftrag ihres Königs verwalten sollen.
Zwar schmücken die Gotländer inzwischen trotz allem weiter ihre Kirchen aus, doch das ehemals so hohe Niveau der Inselkultur schwindet mehr und mehr. So sind z. B. die im 15. Jahrhundert ausgeführten Wandmalereien in den Gotteshäusern nicht mehr großartige Kunstwerke, die zum besten gehören, was es in Nordeuropa gibt, sondern die Fresken wirken jetzt eher derb und volkskunstartig. An einen weiteren Ausbau der Gotteshäuser oder auch nur an

die Vollendung der unfertig liegengebliebenen ist jedoch nicht mehr zu denken, und nach der Reformation um 1525 stehen dann sowieso andere religiöse Gesichtspunkte im Vordergrund.

Die durch Kriege, Plünderungen und Seuchen entvölkerte Insel muß inzwischen weithin ein ödes Bild geboten haben. Viele der einst so prächtigen Bauernhändlerhöfe sind verlassen, die Steinhäuser nur noch Ruinen. Die Überlebenden hausen mehr schlecht als recht in primitiven Holzbauten, den „Bulhus" (= Bohlenhäusern) mit ihren Dächern aus Ag. Die „Lambgiftar" auf Fårö (Unterstände für die ganzjährig im Freien lebenden Schafe) und ein Bauernhof aus dem frühen 17. Jahrhundert im Freilichtmuseum von Bunge geben noch eine Vorstellung von der einfachen Bau- und Lebensweise, die im späten Mittelalter auf Gotland üblich wird.

Damals werden auch einige Landkirchen zu Ruinen (z. B. Elinghem, Gann und Bara), und selbst dem einst so mächtigen Kloster Roma ergeht es nicht besser. Nach seiner Auflösung infolge der Reformation gelangen das Kloster und seine Ländereien in Kronbesitz. Einer der königlichen Provinzgouverneure läßt später die inzwischen verfallenen Gebäude abbrechen, um aus den Steinen den Gutshof Roma kungsgård zu errichten. Nur die Ruine der Kirche bleibt erhalten und wird zum Stall des Gutes umfunktioniert; Carl von Linné spricht nach seiner Gotlandreise im Jahre 1741 von dem „prächtigsten Viehstall Schwedens". Heute ist von dem ehemaligen Gotteshaus kaum mehr erhalten als die unteren Teile der beiden Stirnfassaden und die Arkadenreihen des Mittelschiffs.

Die allgemeinen Verhältnisse beginnen sich erst wieder zu bessern, als Gotland 1645 im Frieden von Brömsebro nach fast drei Jahrhunderten wieder zu Schweden kommt. Es ist die Zeit des Merkantilismus, und die ersten schwedischen Gouverneure versuchen einiges, um die Wirtschaft der Insel wieder in Gang zu bringen. Die allenthalben noch sichtbaren Zeugen dieser Periode sind die zahlreichen Kalköfen in Küstennähe. Der gebrannte Kalk wird zum wichtigsten Produkt Gotlands, dessen Export den Besitzern der ungefähr 350 Öfen beträchtliche Gewinne bringt. Daneben werden auch Holzteer und Bausteine in großen Mengen ausgeführt. Vor allem der auf der Halbinsel Storsudret anstehende Burgsvik-Sandstein wird zu einem in ganz Schweden begehrten Baumaterial (z. B. ist das Stockholmer Stadtschloß weitgehend aus Burgsvik-Sandstein errichtet).

Auch mit der Landwirtschaft, die ja, was Klima und Bodenfruchtbarkeit betrifft, gegenüber dem übrigen Schweden durchaus begünstigt ist, geht es damals allmählich wieder aufwärts. Ab der zweiten

In der Ruine des Klosters Roma

Hälfte des 18. Jahrhunderts wird bei den Wohnhäusern der Bauern sogar wieder der Steinbau allgemein üblich. Die weißgekalkten, meist zweigeschossigen Häuser sind zwar schmucklos und haben nichts mehr mit den mittelalterlichen Bauernpalästen zu tun, aber sie sind andererseits doch deutlich größer als die entsprechenden Holzhäuser der Bauern auf dem schwedischen Festland. Auf den Dächern wird das Ag nun meist durch rote Ziegel ersetzt. Im Süden hingegen, auf der Halbinsel Storsudret, behalten die Häuser ihre traditionellen sehr flachgeneigten Dächer, bei denen Platten aus Burgsvik-Sandstein als Deckmaterial dienen.

Die gotländischen Bauernhöfe bestehen nun außer dem Wohnhaus und den (Ställe und Scheunen enthaltenden) Wirtschaftsgebäuden häufig noch aus verschiedenen weiter entfernten Dependancen. Das sind insbesondere die zahllosen Windmühlen, die wegen der Unzuverlässigkeit der gotländischen Bäche an die Stelle der sonst in Skandinavien üblichen Wassermühlen treten. Die Verhältnisse sind ähnlich wie der anderen Kalkinsel in der Ostsee, auf Öland. Doch während man auf Öland hauptsächlich die hölzerne Bockmühle findet, ist auf Gotland eher ein runder, gemauerter Mühlentyp verbreitet. Außerdem gehören zu vielen Höfen noch kleine Holzhütten am Meer in der sogenannten Fiskeläge. Von dort aus gehen die Bauern in ihren kleinen, Tremänning genannten Segelbooten auf Fischfang. Die Industrien aus dem Zeitalter des Merkantilismus, also Kalkbrennen, Steinebrechen und Holzteergewinnung, gehen jedoch im 19. Jahrhundert wieder deutlich zurück, und erneut bleibt die wirtschaftliche Entwicklung auf Gotland gegenüber dem übrigen Schweden zurück. Erst seitdem in der allerjüngsten Vergangenheit der Tourismus die sonnige Insel mit ihren zahlreichen Kulturschätzen und Naturschönheiten entdeckt hat, ist das Auskommen der Inselbewohner wieder gesichert. In der Ferienzeit ist ihre Insel heute zwar fest in der Hand der „Sommargotlänningar", wie sie auf schwedisch heißen, doch hat dies bisher eigentlich kaum negative Folgen für den Inselcharakter gehabt. Im Gegenteil, die Feriengäste sorgen sogar mit für die Pflege der alten Kulturlandschaft, indem sie z. B. kleinere Gebäude, die von der modernen Landwirtschaft nicht mehr benötigt werden, zu äußerlich kaum veränderten Sommerhäuschen umbauen.

Nur ein wichtiger Bestandteil der alten bäuerlichen Kultur Gotlands ist infolge der allgemeinen Entwicklung im 20. Jahrhundert immer mehr im Rückgang begriffen – das Gutnische, die angestammte Sprache der Gotländer. In seinem Verhältnis zum Schwedischen ist das Gutnische sehr gut mit dem Niederdeutschen im Verhältnis zum Hochdeutschen vergleichbar; denn vom linguistischen Standpunkt aus sind sowohl Gutnisch als auch Niederdeutsch eigenständige germanische Sprachen, weil sie aber schon seit Jahrhunderten keine offiziellen Schriftsprachen mehr sind, werden beide in der Praxis nur als Mundarten der jeweiligen Hochsprache betrachtet.

Auf Fårö und im Süden Gotlands wird jedoch auch heute teilweise noch Gutnisch gesprochen. Das Inselidiom ist eine ebenso wohlklingende wie altertümliche Sprache. In ihr haben sich die altgermanischen Diphtonge (z. B. au, ai) erhalten, die es auch im Hochdeutschen gibt, während sie im Schwedischen und Dänischen vollständig verschwunden sind (vergleiche z. B. hochdt. *Haus, Stein* mit dän. /schwed. *hus, sten* – jedoch gutnisch *häus, stain*).

Der wohl bedeutendste gutnische Dichter des 20. Jahrhunderts ist Gustaf Larsson, und eines seiner schönsten Gedichte lautet wie folgt:

Nätt'l för mannsvolk u kungvall för kune.
Neie slags örtar för ymsedere.
Svalk di bei saudi, styrk di me dune
um däu jär djaupt i naudi nere!
Vävald pa raini, rindlaug i hagen
– täusen sma kluckar gynnar ljaude.
Dei aimar fran marki u rydmen av dagen
slucknar langum för livnes u daude.

Übersetzung:

Nesseln für das Mannsvolk und Maiglöckchen für die Frauen.
Neun Arten von Kräutern für alle zusammen.
Labe dich an der Quelle, stärk' dich mit Wermut
wenn du versunken in Not bist!
Ackerwinde am Rain, Efeu im Hain
– tausend kleine Glocken beginnen zu läuten.
Es duftet vom Feld her, und die Abendröte
verlischt langsam für Lebende und Tote.

Volkstümlicher ist ein bäuerliches Spottlied, das mit der Trockenheit der Insel zusammenhängt. Es geht um das Schicksal einer Wassermühle an einem der wenigen gotländischen Bäche:

A väisä ja vill begynna u singä
allt um a kvänn, sum nöis jär byggd nöi.
De kvänni jär byggd bad me jaul u me trumbä,
u makän de finns int pa hail oä äi.
Män oä äi a finns aldri an tar.
Ja tror issä kvänni kunnar aldri ti ga.

Übersetzung:

Ein Lied will ich nun beginnen zu singen
wohl von einer Mühle, die gerade neu gebaut wurde.
Die Mühle ist gebaut mit Rad und mit Trommel,
und ihresgleichen findet man nicht auf unserer ganzen Insel.
Aber in unserem Bach findet man (auch) keinen einzigen Tropfen.
Ich glaube, diese Mühle kommt niemals in Gang.

DIE STADT VISBY

Visbys Altstadt hat zwei Gesichter. Welches von beiden man zuerst erblickt, hängt davon ab, von wo man kommt.
Nähert man sich aus dem Landesinneren Gotlands, so durchquert man zuerst völlig durchschnittliche moderne Neubauviertel. Doch dann erreicht man unvermittelt einen breiten Streifen unbebauten Geländes, und dahinter erhebt sich eine gewaltige weißgraue Kalksteinmauer, deren Krone nur von ein paar Kirchturmspitzen überragt wird. Während das neue Visby nun rasch in der ihm zukommenden Bedeutungslosigkeit versinkt, gerät man unweigerlich in den abweisend-drohenden Bann des riesigen Bollwerks. Man muß diese besondere Atmosphäre eine Weile auf sich einwirken lassen, dann empfindet man schließlich fast ein Gefühl der Erleichterung, wenn man durch eines der Tore den Eingang in die Altstadt gefunden hat.
Die einmalige Wirkung des Bauwerks hat vor allem vier Ursachen: Erstens ist die Mauer großenteils in ihrer vollständigen Höhe erhalten, zweitens ist der Raum unmittelbar dahinter nie mit höheren Häusern bebaut worden, die über die Mauerkrone hinwegragen könnten, drittens fällt das Gelände hinter der Mauer zum Meer hin ab, so daß auch die eigentliche Bebauung der Altstadt unsichtbar bleibt und viertens hat die vorbildliche Zusammenarbeit von Denkmalschutz und Stadtplanung in Visby das Vorfeld der Mauer weitgehend im mittelalterlichen Zustand belassen.

Das andere Gesicht Visbys von der Seeseite her ist freundlicher. Obwohl sich auch dort eine Mauer den Strand entlangwindet, liegt die Stadt doch offen vor dem Auge des Betrachters. Von der Stelle im Norden, wo die Stadtmauer von der Küste ins Inselinnere abbiegt, bis zu der entsprechenden im Süden sind es knapp 1500 Meter, und dazwischen erstrecken sich Visbys Kirchen, Häuser und Gassen den Hang hinauf. Rechts vor der Südhälfte des alten Stadtkerns liegt der heutige Hafen, in dem auch die Fähren vom schwedischen Festland festmachen, und der stets von einer gewissen Geschäftigkeit erfüllt ist. Im Winkel zwischen neuem Hafen und Stadtmauer befindet sich Almedalen, eine Grünanlage mit einem Teich. Dieses kleine Gewässer ist der letzte Rest des längst versandeten mittelalterlichen Hafens.

Wer nun von Land oder See her das alte Visby erreicht hat und durch die engen Gassen geht, der ist überrascht von der eigentümlichen Bauart der Häuser; sind sie doch fast alle aus Stein erbaut und nicht aus Holz wie sonst in vergleichbar großen skandinavischen Städten. Einigen sieht man außerdem sofort an, daß sie sehr alt sein müssen. Einige andere sind zweifelsohne relativ neu, die meisten jedoch vermag man zeitlich kaum einzuordnen.

Bei einem weiteren Rundgang durch die Stadt wird man feststellen, daß nur eine einzige Kirche innerhalb des Mauerringes intakt ist, während zehn andere aus mehr oder minder gut erhaltenen Ruinen bestehen. Spätestens jetzt wird dem Besucher klar, daß es sich hier nicht um eine normale schwedische Bezirkshauptstadt handeln kann.

Und in der Tat sind die vielen Bauwerke, die in Visby bis heute an das Mittelalter erinnern, nur der übriggebliebene Rest von dem, was einst die großartigste Stadt im gesamten Ostseeraum ausmachte. Zwischen Schleswig und Nowgorod war sie die reichste, und im 13. Jahrhundert kam ihr nördlich von Lübeck keine andere an Bedeutung gleich.

Die Altstadt von Visby

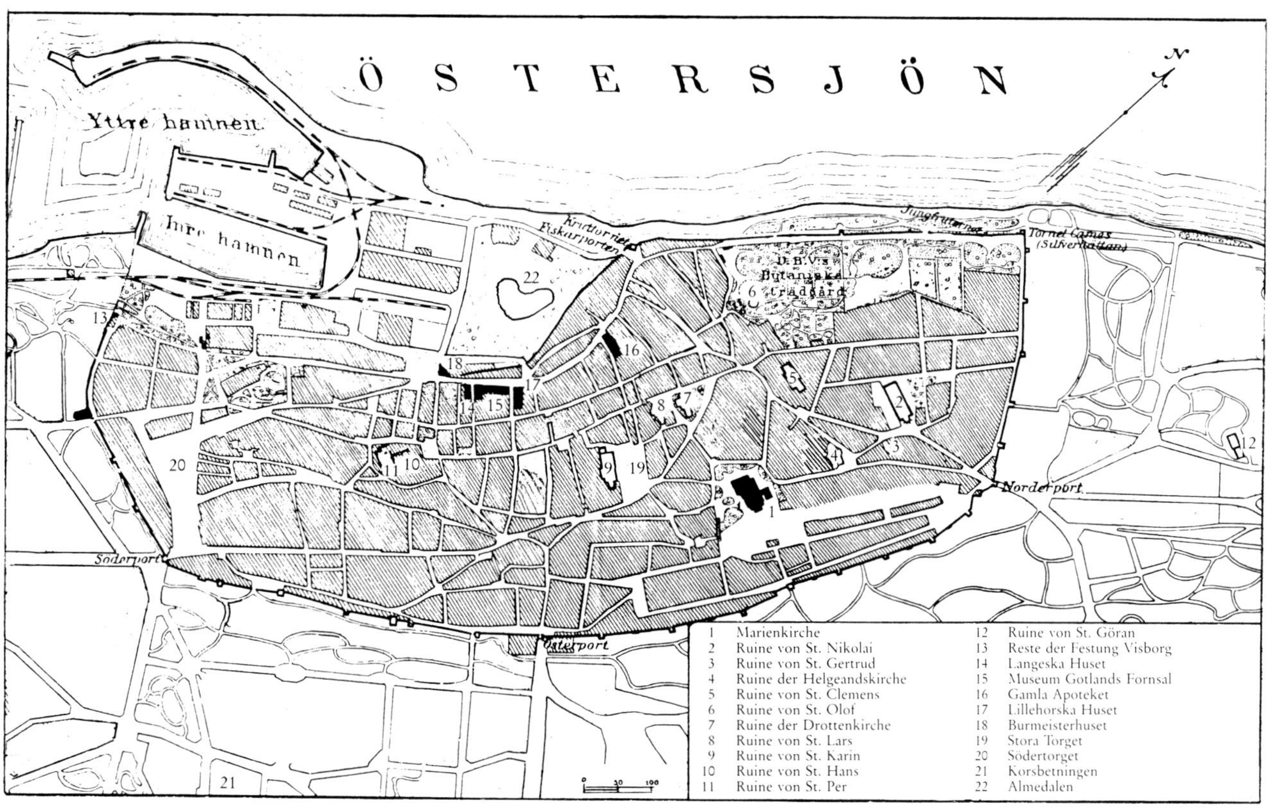

Aber in den letzten Jahren dieses 13. Jahrhunderts setzte auch schon Visbys Abstieg ein. Das Schicksal der gotländischen Bauernrepublik blieb der Stadt allerdings erspart; denn Visbys Niedergang war kein tödlicher Kollaps, sondern eher ein allmähliches Abgleiten in die Bedeutungslosigkeit. Schließlich wurden die Visbyer jedoch so arm, wie sie vorher reich gewesen waren. Spätestens ab 1525 war die niedrigste Stufe in der Entwicklung der Stadt erreicht, und von da ab dauerte es mehr als drei Jahrhunderte, bis um 1850 Romantiker und frühe Touristen die alte Hansestadt neu zu entdecken begannen, und es allmählich wieder aufwärts ging.

Wie hat diese so überaus wechselvolle Stadtgeschichte begonnen? In der bereits mehrfach zitierten Gutasaga heißt es, daß ein reicher Gotländer namens Botair die erste Kirche der Insel an einem Platz namens Kulstadr errichtet habe. Die heidnischen Inselbewohner hatten jedoch etwas dagegen und brannten das Gotteshaus kurzerhand nieder (daher der Name Kulstadr = Kohlenstätte). Daraufhin erbaut Botair eine zweite Kirche an einem Ort, der damals „Vi" genannt wurde – „. . . und diese wagten sie nicht mehr zu verbrennen". „Vi", so heißt es in der Sage, sei der damalige Name für Visby gewesen.

Diese legendenhaften Vorgänge könnten sich um das Jahr 1000 tatsächlich ereignet haben. Nachdem Botairs erste, wahrscheinlich unmittelbar bei seinem Hof gelegene Kirche von seinen heidnischen Nachbarn zerstört worden war, baute er die zweite also lieber gleich in einem Ort, dessen Bewohner vielleicht toleranter waren, weil sich ihre Ansiedlung damals bereits etwas vom bäuerlichen Umland abhob. Zwar deutete der Name Vi vor allem auf einen heidnischen Kultplatz hin (vgl. „Odins Vi", das heutige Odense in Dänemark), aber andererseits bestand in „Vi" schon seit der Wikingerzeit auch ein Handelszentrum, und solchen Plätzen war ja schon immer eine gewisse Weltoffenheit zu eigen.

Bei Ausgrabungen im Stadtkern gemachte Funde lassen vermuten, daß das frühe Visby zur Zeit der Christianisierung gerade dabei war, vergleichbaren Handesplätzen auf Gotland (z. B. Paviken ebenfalls an der Westküste oder Akergarn an der Ostküste bei Slite) den Rang abzulaufen.

Ähnlich Paviken war auch Visby bzw. Vi von einem Halbkreiswall umgeben, dessen Begrenzung sich noch heute im Straßennetz abzeichnet. Der Gutasaga zufolge baute Botair seine Kirche an einer Stelle, „. . . die nun Petrikirche genannt wird" – also unmittelbar außerhalb der Umwallung, und zwar genau dort, wo man das Südtor vermuten kann. Im Norden liegt an der entsprechenden Stelle ebenfalls eine sehr früh gegründete Kirche, St. Clemens. Demnach sind die ersten Gotteshäuser Visbys – vielleicht aus Rücksicht auf den heidnischen Teil der Bevölkerung – nicht innerhalb der eigentlichen Siedlung erbaut worden.

Ebenso wie im hohen Mittelalter der Ostseehandel anwächst, nimmt nun auch die Bedeutung Visbys zu. Dafür sind besonders die ausländischen Kaufleute verantwortlich, die jetzt immer häufiger die „gotländische Küste" besuchen, um dort Handel zu treiben. Vor allem die Deutschen drängen seit dem Beginn des 12. Jahrhunderts von Schleswig und Alt-Lübeck aus in den Ostseehandel, obwohl beide Orte damals noch in dänischem bzw. obotritisch-slawischem Besitz sind. Gleichzeitig versuchen die Russen, sich von Nowgorod aus in das lukrative Geschäft einzuschalten.

Die „gotländische Küste", das wird ab 1100 in zunehmendem Maße gleichbedeutend mit Visby. Während der Saison im Sommer gibt es dort neben der einheimischen gutnischen Bevölkerung zahlreiche auswärtige Kaufleute, und die schließen sich nach ihren Herkunftsorten zu verschiedenen Gilden zusammen. Als Stützpunkte für sich errichten jene „Gäste", wie sie in den Urkunden genannt werden, in Visby mehrere Faktoreien mit eigenen Kirchen.

Sofort nach seiner Gründung Mitte des 12. Jahrhunderts wird dann Lübeck zum großen Ausfallstor für die in den Ostseeraum einströmenden Deutschen. Bald schließen sich die Kaufleute, die mit ihren Schiffen Gotland anlaufen, zur Genossenschaft der „Frequentantes" zusammen, der Herzog Heinrich der Löwe als Siegelzeichen die Lilie verleiht. Die Mitglieder dieser Gesellschaft, die bald zur Keimzelle der Hanse werden soll, kommen – wie schon die ersten Lübecker – zu einem großen Teil aus Westfalen.

Schon seit der Zeit der salischen Kaiser ist Westfalen der nordöstlichste Teil eines europäischen Kernraumes, der auf der anderen Seite bis nach Flandern und in die Ile-de-France hinein reicht. Nördlich der Alpen gibt es vor der Mitte des 12. Jahrhunderts nur dort bereits größere Städte mit weiten, den gesamten westeuropäischen Raum umfassenden Handelsbeziehungen. In Westfalen selbst gehören dazu z. B. Soest, Dortmund, Münster und Osnabrück.

Die westfälischen Städte werden ein ausgezeichneter Nährboden für die Entstehung bedeutender romanischer Kirchenbauten; herrliche Gotteshäuser wie St. Patroklus in Soest oder die Dome von Münster und Osnabrück sind dafür gute Beispiele. Als nun die aus Westfalen stammenden Kaufleute ab etwa 1180 beginnen, ihre Faktoreikirche in Visby aus Stein zu errichten, da tun sie das in den vertrauten Formen der westfälischen Romanik.

Die Faktorei der „Frequentantes“ mit ihrer Kirche St. Marien lag im Nordosten der Stadt direkt unterhalb des sogenannten Klints, also an jener Landstufe, die aus einer fossilen Steilküste hervorgegangen ist und rund 300 Meter landeinwärts parallel zur heutigen Uferlinie verläuft. Die erste steinerne Marienkirche der Faktorei war eine ca. 1180–1220 erbaute dreischiffige Basilika mit einem Turm im Westen und einem Querschiff im Osten. Der Bau besaß wahrscheinlich kein echtes Chorjoch; die Apsis saß vielmehr unmittelbar an der Ostseite der Vierung.

Die Marienkirche der Deutschen war nicht das erste steinerne Gotteshaus in Visby, denn die beiden Pfarrkirchen St. Clemens und St. Per am Nord- bzw. am Südausgang der Umwallung waren schon einige Jahrzehnte zuvor aus Stein gebaut worden. Trotzdem stellte St. Marien für Visby etwas völlig Neues dar. Ihrer entwickelten nordwestdeutschen Romanik war der schlichte, von den frühen gotländischen Bauernkirchen übernommene Stil von St. Clemens und St. Per nicht ebenbürtig – ganz zu schweigen von den Unterschieden in der Größe. Die Kirche der Deutschen wurde so zum Vorbild für den weiteren Ausbau der beiden anderen Kirchen – ja, darüber hinaus wurde sie richtungsweisend für alle Gotteshäuser, die auf der Insel überhaupt noch gebaut werden sollten; denn auch die gotländischen Bauern übernahmen verschiedene Details wie z. B. die seitlichen Galerien des Westturmes für die Architektur ihrer Landkirchen.

Um das Jahr 1200 spalten sich dann von der Gilde der „Frequentantes“ die „Manentes“ ab, die „auf Gotland *bleibenden* Kaufleute des

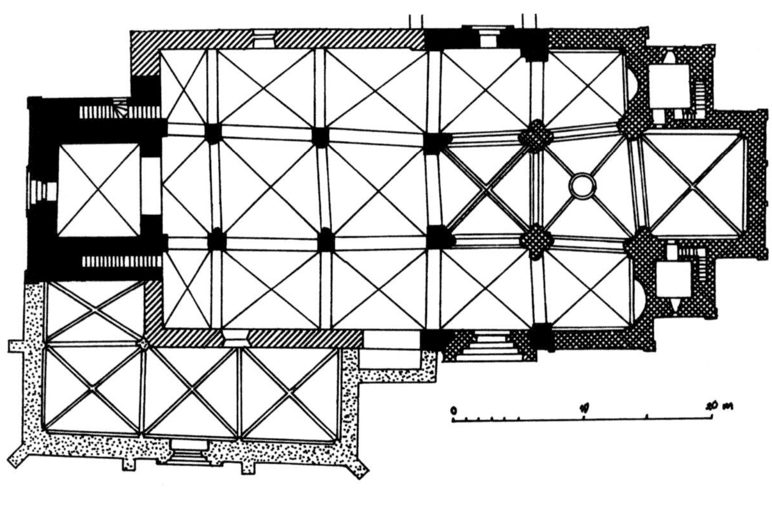

um 1180–1220
um 1225–1235
um 1250
um 1350

Grundriß der Marienkirche in Visby

Die Bauphasen der Marienkirche in Visby

Um 1220. Romanische Basilika

Um 1235. Brautportal-Stadium

Um 1270. Frühgotische Hallenkirche

Um 1430. Hallenkirche mit Speicherboden und Swerting-Kapelle

Römischen Reiches". Immer mehr Deutsche fahren nämlich nicht mehr jeden Herbst zurück in die Heimat, sondern sie siedeln sich mit ihren Familien fest in Visby an. Der für Gotland zuständige Bischof von Linköping erhebt St. Marien deshalb im Jahre 1225 zur Pfarrkirche. Gemeinsam erweitern „Manentes" und „Frequentantes" daraufhin ihr Gotteshaus beträchtlich – und zwar wiederum nach westfälischen Vorbildern. Im Osten werden ein zweites Querschiff und ein quadratischer, gerade geschlossener Chor angebaut, und in den Winkeln zwischen Chor und neuem Querschiff errichtet man zwei Türme mit achteckigen Oberteilen. St. Marien folgt hier wohl der gleichalten, ebenfalls der Muttergottes geweihten Pfarrkirche von Lippstadt bei Paderborn. Das alte Südquerschiff erhielt außerdem noch einen prächtigen neuen Eingang, das Brautportal.

Um 1230 lassen sich auch die beiden großen Bettelorden in Visby nieder, ein deutliches Zeichen dafür, daß der ehemalige saisonale Handelsplatz inzwischen zu einer echten Stadt geworden ist. Zuerst, im Jahre 1229 und damit genauso früh wie in Lübeck, erscheinen die Dominikaner. Sie nehmen eine im Norden gelegene Faktoreikirche in Besitz und gründen dort ihr Kloster St. Nikolai. Bald darauf, im Jahre 1233, erreichen auch die Franziskaner Visby und bauen ihre

In der Ruine von St. Karin in Visby (nach Haglund) (nach Pernler u. Svahnström, 1983)

Kirche St. Karin (= St. Katharinen) im Zentrum nahe dem Marktplatz.

Überhaupt ist der Zeitraum zwischen 1200 und 1250 die große Epoche des Kirchenbaus in der Stadt. Die alten Pfarrkirchen St. Clemens und St. Per werden erweitert, und drei weitere (St. Hans, St. Olof und die Drottenkirche) werden neu erbaut. Außer den norddeutschen „Frequentantes" waren noch mehrere andere Kaufmannsgilden in Visby mit eigenen Faktoreikirchen vertreten; z. B. lag nur ein kurzes Wegstück südlich von St. Marien eine kleine russische Kirche, und im Südosten oberhalb des Klints befand sich eine Michaeliskirche, die wahrscheinlich zur Faktorei der Kaufleute aus Riga gehörte. Unmittelbar neben der Drottenkirche entsteht St. Lars, ebenfalls wohl eine Gildekirche, deren Langhaus nach dem Prinzip des russisch-byzantinischen Zentralbaus konstruiert ist, und weiter im Norden der Stadt wird die Helgeandskyrka (Helgeand = Heiliggeist) sogar als doppelgeschossige Rundkirche errichtet.

Rekonstruktion der Helgeandskirche in Visby um 1250

Vielleicht gehörte Helgeands ursprünglich dem livländischen Schwertbrüderorden. Bei einem aus Adeligen bestehenden Ritterorden würde die Trennung in zwei Geschosse (Herren- und Gesindekirche) nämlich mehr Sinn machen als bei dem Heiliggeistspital, in dessen Besitz sie später gelangt.

St. Nikolai, die von den Dominikanern übernommene ehemalige Faktoreikirche, war ursprünglich eine Hallenkirche mit Westturm, Kastenchor und Apsis. Mitte des 13. Jahrhunderts erweitern die Mönche das Gotteshaus zu einer großen turmlosen Langhalle von einheitlicher Gesamtwirkung. Auch hier weisen z. B. die kräftigen Vierkantpfeiler auf westfälische Vorbilder (St. Johannis in Osnabrück). Interessant ist der Aufbau der Westfassade von St. Nikolai. Das große Fenster in der Mitte ragt in das Giebeldreieck hinein und läßt dadurch erkennen, daß das Mittelschiff etwas überhöht ist. Dieser pseudobasilikale Eindruck wird durch die Zweiteilung des Giebels und des ehemals dahinterliegenden Daches auf dem Niveau der Blendenreihe in der Mitte noch verstärkt – ein sehr typisches Bild in der gotischen Kirchenbaukunst Skandinaviens. Aber auch St. Marien wird um 1250 erneut vergrößert, indem man sie ebenfalls zur Hallenkirche mit drei gleichbreiten Schiffen umbaut.

So verschieden alle diese Gotteshäuser schon von ihrem Grundriß her sein mögen, ein jedes von ihnen ist dennoch ein typischer Vertreter des sogenannten Visbystils, der so sehr von der nordwestdeutschen Spätromanik und Frühgotik geprägt ist, daß Visby zu einem „Westfalen in Übersee" wird.

Um 1250 besteht die Einwohnerschaft der Stadt etwa zur Hälfte aus Deutschen. Zwei Räte bestimmen Visbys Geschick, ein deutscher mit dem alten Lilienemblem der „Frequentantes" im Siegel und ein gutnischer, dessen Symbol das Agnus Dei ist. Daß es zwischen beiden Teilen der Bürgerschaft zu keinen größeren Spannungen kommt, liegt vor allem wohl an ihrem gemeinsamen Gegner – den gotländischen Bauern. Für die ist Visby inzwischen zu einer erbittert bekämpften Konkurrentin geworden. Der Haß zwischen Bürgern und Bauern ist so groß, daß es jederzeit zu kriegerischen Auseinandersetzungen kommen kann – und Visby ist eine offene Stadt! Lediglich die Hafeneinfahrt wird durch den uralten kastalartigen Kruttornet geschützt. Der alte Halbkreiswall aus der Wikingerzeit ist jedoch längst zu klein geworden, sofern er überhaupt noch vorhanden ist.

Da fassen die Bürger einen kühnen Plan: Alles, was an Bebauung irgendwie zur Stadt gehört, soll mit einer großen Mauer umgeben werden, an der sich die Bauern die Zähne ausbeißen können, falls sie wirklich einmal einen Angriff wagen.

Es wird sofort damit begonnen, das Projekt in die Tat umzusetzen, und so entsteht eine 3600 Meter lange Mauer, die ein Areal von 90 Hektar umschließt und dabei auch das weniger dicht besiedelte, aber strategisch äußerst wichtige Gelände oberhalb des Klints mit einbezieht. Zum Hafen hin öffnet sich die Mauer in zahlreichen Pforten, um den ungehinderten Warenverkehr zu den Speichern im Inneren der Stadt zu gewährleisten, aber auf der Landseite gibt es nur drei echte Tore, durch die Straßen in das „restliche" Gotland führen. Visby wird zum Brückenkopf der über die Ostsee Handel treibenden deutschen Kaufleute – oder wie die Bauern es nennen, zu einem Pfahl im gotländischen Fleisch.

Siegel des gutnischen und des deutschen Rates von Visby vor 1288

Mehrere Jahrzehnte lang wird an der Mauer gebaut, und während dieser Zeit kommt der Kirchenbau, der unmittelbar zuvor noch mit solcher Inbrunst betrieben worden war, praktisch zum Erliegen; zu sehr werden die Kräfte und die finanziellen Mittel der Bürgerschaft durch die Stadtmauer in Anspruch genommen.

Daß sich die Anstrengung dennoch lohnt, zeigt sich schon im Jahre 1288, als es auf der Insel tatsächlich zum Krieg zwischen Bürgern und Bauern kommt. Beide Parteien haben sich zuvor Verbündete gesucht: Visby wird von den anderen Hansestädten unterstützt, während die Bauern unter ihrem Anführer Peter Harding Hilfe bei einigen kriegsgeübten Rittern aus dem Baltikum finden. Doch das Bauernheer kann Visbys neue Mauer nicht überwinden; statt dessen

kommt es vor der Stadt und im Inselinneren bei Roma zu zwei offenen Feldschlachten, in denen die Bürger siegen.
Die Fehde gibt dem schwedischen König Magnus Ladulås die Gelegenheit, „sich in die inneren Angelegenheiten Gotlands einzumischen". Der König erreicht die förmliche Unterwerfung Visbys unter die schwedische Krone, er tadelt die Stadt wegen des von ihm nicht genehmigten Mauerbaus, und er erhält einen finanziellen Ersatz für die „seinen" Bauern zugefügten Schäden. Trotz der verlorenen Schlachten können die Bauern mit solcher „Niederlage" leben, und latent schwelt der Konflikt zwischen Stadt und Land weiter.
Wahrscheinlich deshalb bauen die Bürger dem königlichen Tadel zum Trotz weiter an ihrer Befestigung. Erst jetzt wird die zuvor relativ niedrige Mauer zu dem gewaltigen Bollwerk, von dem zu Beginn dieses Kapitels die Rede war. Alle 50–100 Meter werden außerdem hohe Türme errichtet, die phantasievolle Namen tragen wie Långa Lisa, Silverhättan, Sprundflaskan oder Smal Henrik, und dazwischen sitzen die kleineren sogenannten Satteltürme auf der Mauer. Erst gegen 1350 ist der mächtige Befestigungsring in seiner heutigen Form vollendet.
Obwohl der Kirchenbau inzwischen also weitgehend ruht, bleibt Visby die prächtigste Stadt Nordeuropas. Dort wo die Patrizier wohnen, und das sind vor allem die Strandgatan und deren Nebenstraßen nahe dem Hafen, entstehen immer mehr große steinerne Treppengiebelhäuser, von denen heute jedoch nur noch eine Handvoll übrig ist. Langeska Huset und Gamla Apoteket sind von innen und außen besonders gut erhalten. Ihre Fassaden sind sehr schlicht und nahezu ohne jede Dekoration. Nur die beiden Doppelfenster im zweiten Obergeschoß werden von spitzbogigen Backsteinblenden umrahmt. Der gebrannte Ziegel, sonst das wichtigste Baumaterial des gesamten hansischen Ostseeraumes, war auf der vom Kalkstein geprägten Insel Gotland eine relativ teure Importware. Er wurde dort deshalb nur als reiner Dekorationsstein verwendet, wie man auch an den beiden Backsteinrosetten des Westgiebels von St. Nikolai sehen kann.
An den Giebelfassaden der Steinhäuser fällt außerdem auf, daß sie nicht die im norddeutsch-dänischen Raum üblichen Staffelblenden besitzen. Die Formen erinnern eher an den westfälischen Typ der Giebelgestaltung, wie er beispielsweise bei den Häusern des Prinzipalmarktes in Münster ausgebildet ist. Die architektonischen Wurzeln Visbys liegen also auch im Profanbau in der nordwestdeutschen Landschaft zwischen Dortmund und Osnabrück.

Siegel des Rates von Visby nach 1288

Die Kaufmannshäuser waren eher Speicher als Wohnhäuser, denn zugunsten der vom Keller bis unter das Dach reichenden Speicherräume ist der Wohnbereich meist in einen schmaleren, hinter dem Haupthaus gelegenen Anbau verlagert worden. Nur das bereits an der Fassade dekorativ betonte zweite Obergeschoß diente als eine Art Festsaal. Darunter lag der Hochkeller, ein Lagerraum, dessen Gewölbe von kräftigen Mittelsäulen getragen wurde. Ein Holzboden unterteilte den Hochkeller in zwei Geschosse, und auch oberhalb des Festsaales befanden sich noch mehrere Speicherböden mit Luken zur Straße hin, zu denen die Waren mit dem Ladebaum oben am Giebel hinaufgezogen werden konnten.

Nach 1288 haben sich die gutnische und die deutsche Bürgervertretung zu einem gemeinsamen paritätisch besetzten Stadtrat zusammengeschlossen; Visbys Prosperität ist durch innere Konflikte also nicht bedroht. Doch gibt es in jener Zeit bereits erste Anzeichen dafür, daß die mächtige und reiche Stadt ihren Höhepunkt inzwischen überschritten hat: Im Jahre 1293 wird der Rat der Stadt Lübeck anstelle des Visbyer Rates die höchste Instanz für alle Rechtsfragen, welche die wichtige Hansefaktorei in Nowgorod betreffen. Die Hanse, zuerst nur eine Genossenschaft Gotland besuchender Kaufleute, dann der lockere Zusammenschluß der im Nord- und Ostseeraum tätigen deutschen Kaufleute, beginnt um 1300, sich in einen Bund norddeutscher Handelsstädte umzuformen, und die Führung dieses Bundes fällt wie selbstverständlich Lübeck und nicht mehr Visby zu. Es ist doch ein Unterschied, ob man in einer Enklave oben im Norden Europas sitzt oder in günstiger Position am Rande des entwickelten mitteleuropäischen Hinterlandes.

Auch wenn nun also Lübeck die „Königin der Hanse“ wird, so bleibt Visby vorerst doch eine der wichtigsten Städte innerhalb des Bundes. Als 1356 bei der offiziellen Gründung der Städtehanse erstmalig auch deren Unterteilung in Drittel festgeschrieben wird, kann sich Visby sogar noch als Vorort des gotländisch-livländischen Drittels durchsetzen.

Nachdem im 14. Jahrhundert die Stadtmauer endgültig fertiggestellt wird, setzt auch der Kirchenbau erneut ein. Insbesondere die Franziskaner werden nun mit dem Neubau ihrer Klosterkirche St. Karin zum Hauptträger der Visbyer Hochgotik. Doch auch die Marienkirche wird um 1350 nochmals wesentlich vergrößert. An ihre Südwand wird damals die stattliche Swerting-Kapelle angebaut, und über den Gewölben des Mittelschiffes wird ein gewaltiger Speicherboden für Handelswaren aller Art angelegt, wodurch der Bau äußerlich nun wieder wie eine Basilika aussieht. St. Marien ist eine echte Kaufmannskirche; das zeigt dieser Speicherboden ebenso deutlich wie die große Geldtruhe der deutschen Kaufleute mit ihren vier Schlössern, die in der Kirche aufbewahrt wird. Die Schlüssel dazu verwahrte jeweils ein Ratsherr der Städte Visby, Lübeck, Soest und Dortmund.

An den anderen Gotteshäusern wird indessen kaum mehr weitergebaut – ein weiterer Beleg für die allmählich einsetzende Stagnation in der Stadt.

Als Gotland im Sommer 1361 von den Dänen unter Waldemar Atterdag überfallen wird, kommt Visby im Gegensatz zum Rest der Insel – und nicht zuletzt durch die schmähliche Auslieferung der gotländischen Bauern – einigermaßen glimpflich davon. Zwar berichtet die Sage von drei riesigen Fässern, vollgefüllt mit Gold und Geschmeide, die den Bürgern als Tribut abgepreßt werden, doch können sie ihre Stadt dadurch andererseits vor der Brandschatzung durch Waldemars Soldaten bewahren, und der König bestätigt ihnen sogar ausdrücklich die alten Privilegien.

Als nunmehr dänische Stadt muß Visby von 1362 bis 1370 in den beiden Kriegen der Hanse gegen Dänemark neutral bleiben. So beginnt eine gewisse Entfremdung zwischen Visby und den Schwesterstädten im Süden. Die wählen nun lieber die östliche Route entlang die Küste des Deutschordensstaates als Weg für ihren Handel mit Rußland, und die Städte Riga und Reval werden als Zwischenstation zu überlegenen Konkurrentinnen Visbys. Als die Hanse dann 1388 auch noch einen vierjährigen Handelsboykott über Nowgorod verhängt, bewirkt dies auf Gotland einen weiteren ökonomischen Einbruch.

Und wie um das Maß an Unglück voll zu machen, wird Visby zusammen mit dem Rest Gotlands am Ende des 14. Jahrhunderts auch noch in die dänisch-mecklenburgischen Auseinandersetzungen um die schwedische Königskrone hineingezogen. Von 1394–98 ist die Stadt in der Hand der mecklenburgischen Partei. Deren Vertreter werden von den Bürgern zuerst als Befreier begrüßt, als sich jedoch im Gefolge der Mecklenburger die Vitalienbrüder („Gottes Freund und aller Welt Feind“) auch in Visby festsetzen, wird aus der Befreiung bald eine erneute Besatzung.

In der Swerting-Kapelle der Marienkirche befindet sich aus jener Zeit die Grabplatte des mecklenburgischen Herzogs Erich. Zusammen mit den Vitalienbrüdern war Erich im Jahre 1396 nach Visby gekommen, um von dort aus für seinen Vater Albrecht den Kampf um die schwedische Königskrone zu organisieren. Der junge Herzog hatte sich sogar zum König von Gotland gekrönt, doch schon 1398 starb er in Visby, und „coninc Eric, een sone koningh Albertes van Sweden uppe Godlande“ wurde in der Marienkirche beigesetzt. Nach den Vitalienbrüdern kommt der Deutsche Orden. Seine Herrschaft ist zwar von stabilisierender Wirkung, aber sie bleibt nur eine kaum zehn Jahre dauernde Episode, denn schon 1408 tritt der Orden Visby und den Rest der Insel wieder an Dänemark ab.

Bald darauf erbt Erich der Pommer von seiner Tante Margarete die 1397 vereinigten Königreiche Dänemark, Schweden und Norwegen, und er ist gewillt, das junge nordische Unionskönigtum unter allen Umständen zu festigen. Visby hat seine frühere Stellung im Handelsverkehr inzwischen zwar weitgehend verloren, aber strategisch ist die wehrhafte Stadt im Zentrum der Ostsee noch immer von großer Bedeutung. Das erkennt auch König Erich, und er befiehlt deshalb im Jahre 1411 die Errichtung der Festung Visborg an der Südwestecke der Stadtmauer. In den folgenden Jahrzehnten wird Visborg zu einer der stärksten Burgen im gesamten Ostseeraum ausgebaut.

Mit seinen rücksichtslosen Herrschaftsmethoden macht sich König Erich jedoch so viele Feinde, daß er 1439 schließlich abgesetzt wird und alle drei nordischen Kronen an seinen Neffen Christoph von Bayern verliert. Mit wenigen Getreuen wirft der Pommer sich daraufhin nach Visby und verschanzt sich in der Festung Visborg. Von diesem sicheren und fast uneinnehmbaren Stützpunkt aus führt Erich zehn Jahre lang ein abenteuerliches Seeräuberdasein, indem er „ab und an wie ein Verrückter in den Küstenstädten umherstreift“. In Schweden, das sich vorübergehend wieder von Dänemark löst, besteigt im Jahre 1448 Karl Knutsson den Thron. Der neue König schickt sofort ein Heer nach Gotland, das praktisch auch die gesamte Insel erobert. Nur Visborg können die Schweden nicht einnehmen. Der in der Festung eingeschlossene Erich bittet König Christian I. um Hilfe, den Nachfolger Christophs auf dem dänischen Thron, und verspricht, ihm dafür Visborg zu übergeben. Tatsächlich erscheinen im April 1449 dänische Schiffe vor Visby, und der Exkönig und Erzpirat Erich geht an Bord, während dänische Soldaten sich auf Schloß Visborg festsetzen. Erich wurde damals zurück in seine pommersche Heimat gebracht, wo er 1459 verbittert und vergessen im Schloß Rügenwalde gestorben ist.

Nun sitzen also die Dänen auf Visborg und halten damit den Schlüssel zur Herrschaft über Visby und ganz Gotland in ihrer Hand.

Innerhalb der Stadt kommt es zu Straßenkämpfen zwischen der dänischen Burgbesatzung und den Schweden, woran sich auf schwedischer Seite anscheinend auch die Bürger beteiligen. Als Christian I. im Sommer 1449 jedoch ein großes dänisches Heer auf die Insel bringt, wird die Position für die Schweden aussichtslos, und sie müssen wieder aus Gotland abziehen.
So hat Visby in dem Jahrhundert seit der Invasion Waldemar Atterdags siebenmal den Besitzer gewechselt. All diese Wirren haben den einstigen Glanz der Stadt weitgehend stumpf werden lassen. Auch ohne direkte kriegerische Einwirkungen machen sich innerhalb der Mauern überall Zerstörung und Verfall breit, und längst haben Riga, Reval und Stockholm Visbys Erbe angetreten.

Als Schweden sich dann im Jahre 1523 erneut von Dänemark löst und unter Gustav Wasa unabhängig wird, ist es auch mit dem nordischen Unionskönigtum endgültig vorbei. Gotland wird damals wiederum von den Schweden erobert, aber Visby bleibt im Schutze seiner Mauer und der mächtigen Festung in der Hand des dänischen Lehnsherrn Sören Norby. Die Lübecker sind mit Schweden verbündet, und im Jahre 1525 übernimmt ihre Flotte die Aufgabe, die belagerte Stadt von See her sturmreif zu schießen.
Die Lübecker konzentrieren damals ihr Bombardement anscheinend auf den Nordwesten Visbys. Die gesamte überwiegend hölzerne Bebauung dort wird bei der Kanonade ebenso zerstört wie die St. Olofskirche und das Dominikanerkloster St. Nikolai. Bei dem Turm mit dem Namen Lybeckerbreschen, wo die Stadtmauer auf einem Teilstück eingestürzt ist, sollen die Lübecker schließlich auch in die Stadt hineingekommen sein.
Es ist unklar, wie umfangreich die Zerstörungen durch den lübischen Angriff wirklich waren, aber in dem desolaten wirtschaftlichen Zustand, in dem Visby damals war, hatten auch kleinere Zerstörungen fatale Folgen. Der nordwestliche Stadtteil ist nach 1525 jedenfalls nie mehr bebaut worden, und heute befindet sich dort – nur durch die Stadtmauer von der Ostsee getrennt – ein schöner Park mit alten Bäumen und ein kleiner Botanischer Garten.
So ist es 1525 den Lübeckern zwar gelungen, Visby einzunehmen, aber unmittelbar zuvor war ganz Gotland im Frieden von Malmö dennoch erneut Dänemark zugesprochen worden. Zurück blieb eine halb zerstörte Stadt ohne Zukunft und Perspektive.
Im Jahre 1531, anläßlich der Einführung der Reformation, entschließen sich die Bürger, ab jetzt nur noch mit einer Pfarrkirche vorlieb-

Epitaph des Lübecker Admirals Tinnapfel in der Marienkirche

zunehmen. Sie wählen dafür die noch verhältnismäßig gut erhaltene Marienkirche aus. Die übrigen zehn Gotteshäuser werden dem Verfall preisgegeben oder gar als bequeme Steinbrüche genutzt, und später ist die Stadt dann sogar so arm geworden, daß sie nicht einmal mehr das Geld aufbringen kann, die Ruinen abzubrechen, die als stumme Zeugen ihrer großen Zeit übriggeblieben sind.

Nicht nur die Einwohnerzahl ist nun stark rückgängig, im 16. Jahrhundert verringert sich auch der Anteil der Deutschsprechenden rapide; einige von ihnen wandern aus, die meisten jedoch werden von der einheimisch-gotländischen Bevölkerung assimiliert.

Vom Nordischen Siebenjährigen Krieg 1563–1570 wurde die Stadt direkt nicht mehr betroffen. In der Nacht vom 28. auf den 29. Juli 1566 sinkt allerdings in einem plötzlich aufkommenden Sturm vor Visby eine große lübisch-dänische Kriegsflotte. Es war eine der größten Schiffskatastrophen, die sich jemals in der Ostsee ereignet haben. Unter den rund 6000 Toten ist auch der Lübecker Admiral und Bürgermeister Bartholomäus Tinnapfel, dessen Gedenktafel in der Marienkirche hängt.

Zusammen mit dem Rest der Insel gelangt Visby im Jahre 1645 wieder an Schweden. Doch 1676, rund anderthalb Jahrhunderte nach der Erstürmung durch die Lübecker, schlagen wieder Kanonenkugeln in der Stadt ein, und den Dänen unter ihrem Admiral Nils Juel gelingt es ein letztes Mal, Visby zurückzuerobern. Erst nach dem Friedensschluß von Lund im Jahre 1679 ziehen die dänischen Besatzer endgültig ab, nachdem sie zuvor die Festung Visborg in die Luft gesprengt haben, damit die Schweden keinen Nutzen mehr aus ihr ziehen können.

Die Sprenung von Visborg war sozusagen der letzte große Knall, der Visby noch einmal in seinem tiefen Dornröschenschlaf störte. Kulturell tut sich in der Stadt nahezu das gesamte 17. und 18. Jahrhundert hindurch kaum mehr, als daß St. Marien 1744 nach einem Brand seine schwarzen Turmspitzen und einen Barockgiebel über der Swerting-Kapelle erhält. Die kleineren Kirchen hingegen verschwinden vollständig, und auch die meisten der mittelalterlichen Profanbauten gehen zugrunde. Unmotiviert an manchen Häuserwänden auftauchende Spitzbögen erinnern allerdings noch heute daran, daß sich in der Stadt dennoch so manches von der mittelalterlichen Substanz in nachträglicher Umbauung erhalten hat. Von dem stattlichen, um 1317 fertiggestellten Rathaus konnten jedoch nur noch die Grundmauern ausgegraben werden, ebenso wie von dem nicht minder prächtigen sogenannten Kalbshauthaus, das mit seinen

Lagerhallen und Festsälen eine ähnliche Bestimmung gehabt haben muß wie der Kölner Gürzenich.

Zwar war Visby auch zu seiner stolzesten Zeit nicht nur eine Stadt hochgebauter Patrizierhäuser; denn schon im Mittelalter hatten sich in den Randbezirken des ummauerten Bereichs, wo die schmalen Gassen Namen wie Smedjegatan (= Schmiedestraße), Skogränd (= Schuhgasse) oder Fiskargränd (= Fischergasse) tragen, die niedrigen Holzhäuser der Handwerker und anderen kleinen Leute befunden. Doch nun schieben sich auch zwischen die bis zur Unkenntlichkeit verbauten mittelalterlichen Steinhäuser immer mehr Holzbauten wie z. B. das in Blockbauweise errichtete Burmeisterska Huset, das heute als Touristenbüro dient. Sein Bauherr war Hans Burmeister, ein Lübecker Kaufmann, der um 1650 den Mut besaß, sich in der heruntergekommenen Stadt niederzulassen.

Zu dem Motiv vom Dornröschenschlaf paßt sehr gut, daß Visby außerdem immer mehr zu einer grünen Stadt wird, wobei tatsächlich gerade die Rose zur am meisten verbreiteten Pflanzenart wird.

Bereits im Jahre 1805, also sehr früh, selbst im europäischen Maßstab, werden dann die Ruinen von Visby unter Denkmalschutz gestellt. Doch erst in der zweiten Hälfte des 19. Jahrhunderts überträgt sich die allgemeine Aufwärtsentwicklung in Schweden auch auf das entlegene Provinzstädtchen. Man beginnt, die zahlreichen Ruinen zu konservieren, und an St. Marien unternimmt in den Jahren 1899–1901 der gotländische Künstler Herman Hägg den ehrgeizigen, aber umstrittenen Versuch, der gesamten Kirche ihr mittelalterliches Aussehen zurückzugeben, indem er z. B. den barocken Giebel der Swerting-Kapelle beseitigt und durch neugotische Formen ersetzt.

Die Stadt wird Hauptfährhafen und Dienstleistungszentrum für ganz Gotland, und als „Stadt der Rosen und Ruinen" wird sie allmählich zu einem bedeutenden Anziehungspunkt für den Tourismus.

Gegenwärtig leben wieder rund 20 000 Menschen in Visby. Wie in so vielen alten europäischen Städten wohnt jedoch nur noch ein Teil der Einwohner in der ummauerten Altstadt, die meisten haben sich längst in den ausgedehnten Neubaugebieten angesiedelt, die rings um das alte Zentrum herum entstanden sind.

Daß über dieser großartigen Ostseestadt aber trotz aller Errungenschaften der Moderne dennoch ein Hauch von Mittelalter schwebt, wurde schon erwähnt, als im ersten Kapitel versucht wurde, den Zauber einer Insel zu beschreiben.

LITERATUR

Bohn, R. (1985): Gotland Handbuch. – Kiel

Bohn, R. (Bearb.) (1988): Gotland. Tausend Jahre Kultur- und Wirtschaftsgeschichte im Ostseeraum. – Kieler Hist. Stud., Bd. 31

Büttner, H. u. *Meissner, G.* (1981): Bürgerhäuser in Europa. – Lizenzausgabe, Stuttgart

Halfar, W. (1981): Gotland – Glück und Unglück einer Insel. – 2. Auflage, Husum

Herrmann, J. et al. (1982): Wikinger und Slawen. – Neumünster

Janse, O. u. *Svahnström, G.* (1984): Visby stadsmur. – Svenska Fornminnesplatser, 24. 5. Auflage

Lagerlöf, E. u. *Svahnström, G.* (1973): Gotlands Kyrkor. En vägledning. – 2. Auflage, Stockholm

Lemke, U. (1970): Gotland. Ein geistesgeschichtlicher Quellort. – Stuttgart

Mondfeld, W. zu (1986): Wikingfahrt. Kultur-Reiseführer. Schweden, Gotland, Öland. – Herford

Nilson, S. u. *Nilson, K. L.* (1976): Gotland. Bilder från en ö. – Stockholm

Nylen, E. u. *Lamm, J. P.* (1981): Bildsteine auf Gotland. – Neumünster

Pernler, S. E. u. *Svahnström, G.* (1983): S:ta Katarina Kyrka i Visby. – Karlstad

Ranke, F. u. *Hofmann, D.* (1967): Altnordisches Elementarbuch. – Sammlung Göschen, Bd. 1115/1115a/1115b. 3. Auflage, Berlin

Rieber, E. (1979): Gotland in Geschichte und Kunst. – Die Karawane, 3. Auflage. Ludwigsburg

Roosval, J. (1912): Die Kirchen Gotlands. Ein Beitrag zur mittelalterlichen Kunstgeschichte Schwedens. – Leipzig

Roosval, J. (1926): Den gotländske Ciceronen. – Stockholm

Söderberg, B. G. (1975): Streifzüge durch die Geschichte Gotlands. – Visby

Söderberg, B. G. (o. J.): Wisby – eine Wanderung durch Jahrhunderte. – Visby

Swartling, I. u. *Svahnström, G.* (1983): Roma kloster och kungsgård. – Svenska Forminnesplatser, 47. 2. Auflage

Zeitler, R. (Hrsg.) (1985): Reclams Kunstführer. Schweden. – Stuttgart

o. V. (1966): Gotland. – Svenska Turistföreningens Årskrift